はじめに

本書は、世界最大のニュース専門[illegible]CNN10」から、1本2分前後のニュース10本を選りすぐって収録したものです。

「CNN10」は、日本の英語教育関係者の間では、「CNN Student News」という以前の番組名で広く知られています。その旧名からも想像できるように、主にアメリカの高校生向けに制作されている10分間の番組で、世界のいろいろな出来事が、とても分かりやすく説明されています。興味深く、しかも簡潔・平易なそれらのニュースは、日本の英語学習者にとっても最良のリスニング素材と考えられているのです。

本書のご購入者は、CNNの放送そのものである「ナチュラル音声」に加え、ナレーターが聞きやすく読み直した「ゆっくり音声（ポーズ入り）」、「ゆっくり音声（ポーズなし）」の計3種類のMP3をダウンロードすることができます。このうち、ポーズ（無音の間）の入った「ゆっくり音声」は各ニュースのイントロダクションにのみ対応していますが、シャドーイング、区切り聞き、サイトトランスレーションといった効果的学習法の実践に最適です。ですから、本書を使えば、初級者でもCNNが聞き取れるようになっていきます。

また、紙版と同一内容の電子書籍版（PDF）を無料でダウンロードできるサービスも付いていますので、スマートフォンやタブレットに入れておけば、どこでもいつでも学習できて便利です。

取り上げたニュースのストリーミング動画が、英語字幕・日本語字幕・字幕なしを自由に切り替えながら視聴できるのも、本書の大きな特長です。

2023年2月
『CNN English Express』編集部

CONTENTS

本書の構成と使い方

本書では、各ニュースが4見開き（8ページ）に掲載されており、以下のように構成されています。

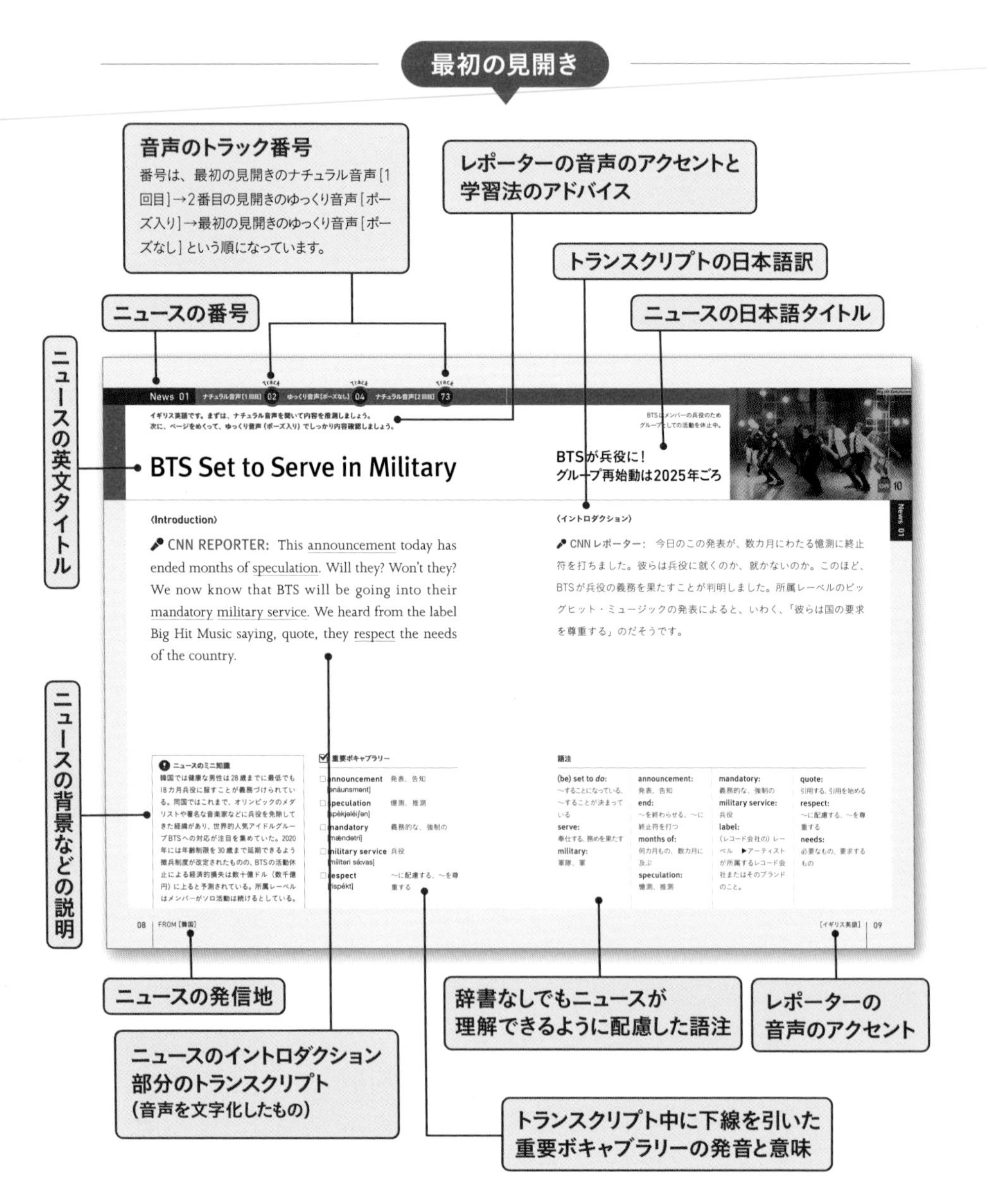

2番目の見開き

区切り聞きやシャドーイングを行いやすいように、情報・意味の区切り目ごとにスラッシュを入れて改行したトランスクリプト
対応する音声には区切り目ごとにポーズ（無音の間）が入っています。

音声のトラック番号

リスニングに関した学習法のアドバイス

英語で発信する力を高めるための学習法のアドバイス

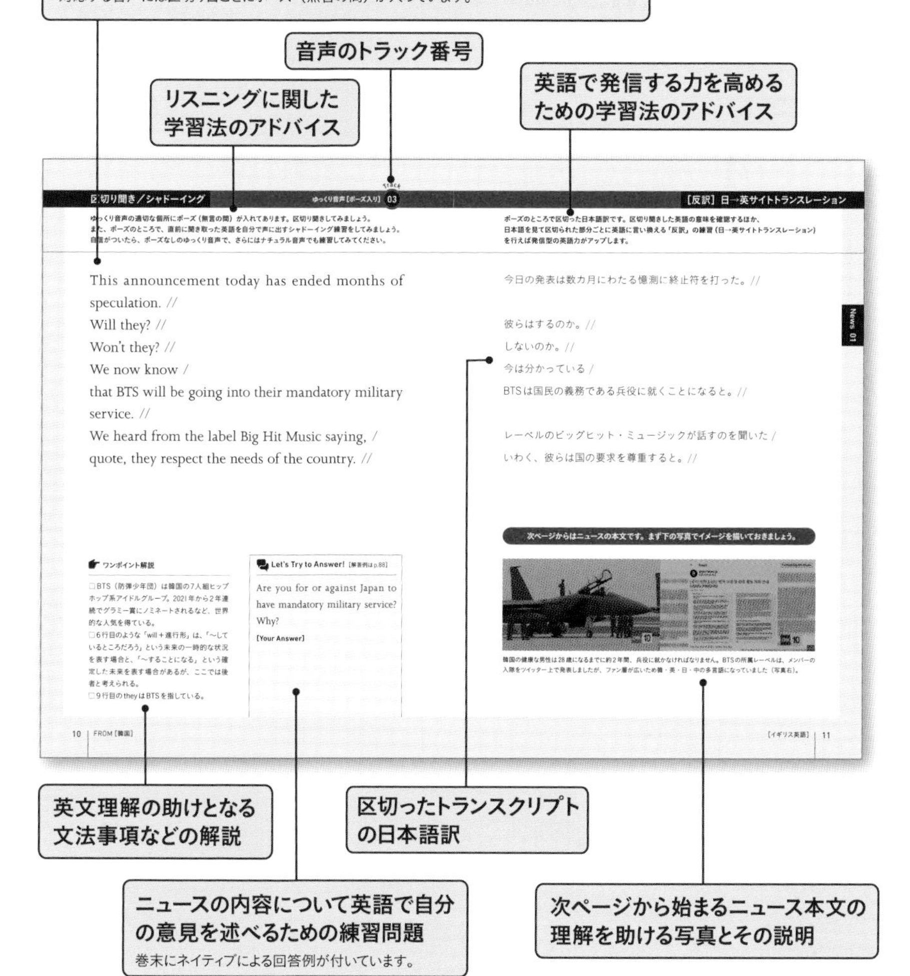

区切り聞き／シャドーイング　ゆっくり音声［ポーズ入り］ Track 03

ゆっくり音声の適切な個所にポーズ（無音の間）が入れてあります。区切り聞きしてみましょう。
また、ポーズのところで、直前に聞き取った英語を自分で声に出すシャドーイング練習をしてみましょう。
自信がついたら、ポーズなしのゆっくり音声で、さらにはナチュラル音声でも練習してみてください。

This announcement today has ended months of speculation. //
Will they? //
Won't they? //
We now know /
that BTS will be going into their mandatory military service. //
We heard from the label Big Hit Music saying, /
quote, they respect the needs of the country. //

ワンポイント解説

□BTS（防弾少年団）は韓国の7人組ヒップホップ系アイドルグループ。2021年から2年連続でグラミー賞にノミネートされるなど、世界的な人気を得ている。
□6行目のような「will＋進行形」は、「～しているところだろう」という未来の一時的な状況を表す場合と、「～することになる」という確定した未来を表す場合があるが、ここでは後者と考えられる。
□9行目のtheyはBTSを指している。

Let's Try to Answer!［解答例はp.88］

Are you for or against Japan to have mandatory military service? Why?
[Your Answer]

10 | FROM［韓国］

［反訳］日→英サイトトランスレーション

ポーズのところで区切った日本語訳です。区切り聞きした英語の意味を確認するほか、
日本語を見て区切られた部分ごとに英語に言い換える「反訳」の練習（日→英サイトトランスレーション）
を行えば発信型の英語力がアップします。

今日の発表は数カ月にわたる憶測に終止符を打った。//
彼らはするのか。//
しないのか。//
今は分かっている /
BTSは国民の義務である兵役に就くことになると。//
レーベルのビッグヒット・ミュージックが話すのを聞いた /
いわく、彼らは国の要求を尊重すると。//

News 01

次ページからはニュースの本文です。まず下の写真でイメージを描いておきましょう。

韓国の健康な男性は28歳になるまでに約2年間、兵役に就かなければなりません。BTSの所属レーベルは、メンバーの入隊をツイッター上で発表しましたが、ファン層が広いため韓・英・日・中の多言語になっていました（写真右）。

［イギリス英語］| 11

英文理解の助けとなる文法事項などの解説

区切ったトランスクリプトの日本語訳

ニュースの内容について英語で自分の意見を述べるための練習問題
巻末にネイティブによる回答例が付いています。

次ページから始まるニュース本文の理解を助ける写真とその説明

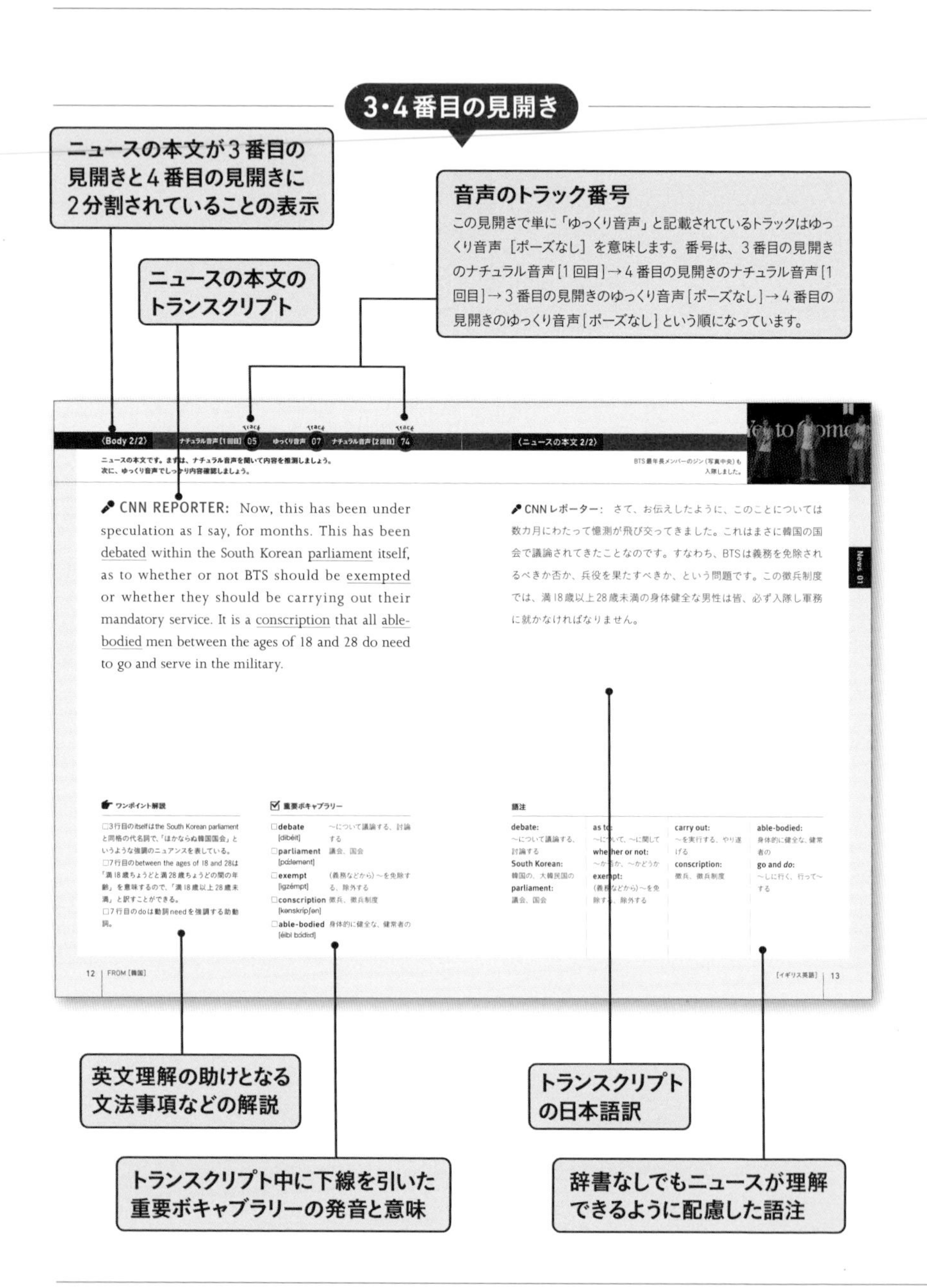
3・4番目の見開き
ニュースの本文が3番目の見開きと4番目の見開きに2分割されていることの表示
音声のトラック番号
この見開きで単に「ゆっくり音声」と記載されているトラックはゆっくり音声［ポーズなし］を意味します。番号は、3番目の見開きのナチュラル音声［1回目］→4番目の見開きのナチュラル音声［1回目］→3番目の見開きのゆっくり音声［ポーズなし］→4番目の見開きのゆっくり音声［ポーズなし］という順になっています。
ニュースの本文のトランスクリプト
〈Body 2/2〉
ナチュラル音声［1回目］ 05 ゆっくり音声 07 ナチュラル音声［2回目］ 74
〈ニュースの本文 2/2〉
CNN REPORTER: Now, this has been under speculation as I say, for months. This has been debated within the South Korean parliament itself, as to whether or not BTS should be exempted or whether they should be carrying out their mandatory service. It is a conscription that all able-bodied men between the ages of 18 and 28 do need to go and serve in the military.
CNNレポーター： さて、お伝えしたように、このことについては数カ月にわたって憶測が飛び交ってきました。これはまさに韓国の国会で議論されてきたことなのです。すなわち、BTSは義務を免除されるべきか否か、兵役を果たすべきか、という問題です。この徴兵制度では、満18歳以上28歳未満の身体健全な男性は皆、必ず入隊し軍務に就かなければなりません。
ワンポイント解説
重要ボキャブラリー
語注
英文理解の助けとなる文法事項などの解説
トランスクリプト中に下線を引いた重要ボキャブラリーの発音と意味
トランスクリプトの日本語訳
辞書なしでもニュースが理解できるように配慮した語注

オンラインサービス（購入者特典）について

本書のご購入者は、巻末（p.104）記載の「オンラインサービス（購入者特典）の登録方法」に従ってご登録いただくと、「オンラインサービス・ページ」へアクセスできるようになります。そのページでは、MP3音声や電子書籍版（PDF）のダウンロード、本書に収録したCNNニュースの動画の視聴（ストリーミング方式）などが可能です。書籍では各ニュースを短く編集してありますが、動画はノーカット版で、英語字幕・日本語字幕・字幕なしを自由に切り替えながらご覧いただけます。
なお、スマートフォンやタブレットをお持ちの方には、下記の音声再生アプリのご利用をお勧めいたします。使いやすく、機能も豊富です。

音声再生アプリの使い方

朝日出版社の音声再生アプリ「Listening Trainer（リスニング・トレーナー）」を使うと、MP3音声のダウンロードと再生がとても簡単・便利です。

1

App Store または Google Play ストアでアプリをダウンロードする。

2

アプリを開き、「コンテンツを追加」をタップする。

3

カメラへのアクセスを許可する。

4

スマートフォンのカメラでこのQRコードを読み込む。

5

Listening Trainer
QRコードリーダー
01332
Done

01332

読み取れない場合は、画面上部の空欄に01332を入力してDoneを押す。

6

My Audio の中に表示された本書を選ぶ。

7

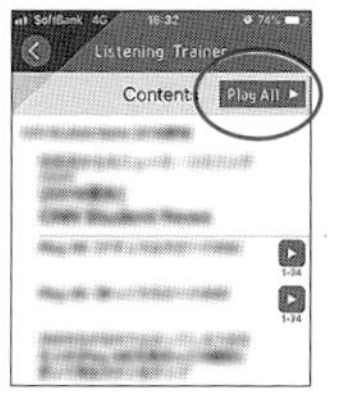

目次画面の右上の「Play All」を押すと、最初から再生される。

8

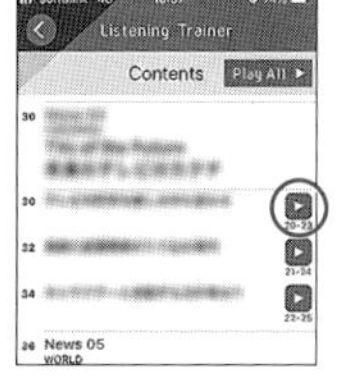

特定の音声を再生したい場合には、聞きたいものをタップする。

9

音声が再生される。

次ページからニュースが始まります➡

News 01 ナチュラル音声［1回目］Track 02 ゆっくり音声［ポーズなし］Track 04 ナチュラル音声［2回目］Track 73

イギリス英語です。まずは、ナチュラル音声を聞いて内容を推測しましょう。
次に、ページをめくって、ゆっくり音声（ポーズ入り）でしっかり内容確認しましょう。

BTS Set to Serve in Military

〈Introduction〉

CNN REPORTER: This announcement today has ended months of speculation. Will they? Won't they? We now know that BTS will be going into their mandatory military service. We heard from the label Big Hit Music saying, quote, they respect the needs of the country.

ニュースのミニ知識

韓国では健康な男性は28歳までに最低でも18カ月兵役に服すことが義務づけられている。同国ではこれまで、オリンピックのメダリストや著名な音楽家などに兵役を免除してきた経緯があり、世界的人気アイドルグループBTSへの対応が注目を集めていた。2020年には年齢制限を30歳まで延期できるよう徴兵制度が改定されたものの、BTSの活動休止による経済的損失は数十億ドル（数千億円）に上ると予測されている。所属レーベルはメンバーがソロ活動は続けるとしている。

重要ボキャブラリー

- □ **announcement** [ənáunsmənt] 発表、告知
- □ **speculation** [spèkjəléiʃən] 憶測、推測
- □ **mandatory** [mǽndətri] 義務的な、強制の
- □ **military service** [mílitəri sə́ːvas] 兵役
- □ **respect** [rispékt] ～に配慮する、～を尊重する

BTSはメンバーの兵役のため
グループとしての活動を休止中。

BTSが兵役に！
グループ再始動は2025年ごろ

〈イントロダクション〉

CNNレポーター：　今日のこの発表が、数カ月にわたる憶測に終止符を打ちました。彼らは兵役に就くのか、就かないのか。このほど、BTSが兵役の義務を果たすことが判明しました。所属レーベルのビッグヒット・ミュージックの発表によると、いわく、「彼らは国の要求を尊重する」のだそうです。

語注

(be) set to *do*:
～することになっている、～することが決まっている
serve:
奉仕する、務めを果たす
military:
軍隊、軍
announcement:
発表、告知
end:
～を終わらせる、～に終止符を打つ
months of:
何カ月もの、数カ月に及ぶ
speculation:
憶測、推測
mandatory:
義務的な、強制の
military service:
兵役
label:
（レコード会社の）レーベル　▶アーティストが所属するレコード会社またはそのブランドのこと。
quote:
引用する、引用を始める
respect:
～に配慮する、～を尊重する
needs:
必要なもの、要求するもの

区切り聞き／シャドーイング

ゆっくり音声［ポーズ入り］ Track 03

ゆっくり音声の適切な個所にポーズ（無言の間）が入れてあります。区切り聞きしてみましょう。
また、ポーズのところで、直前に聞き取った英語を自分で声に出すシャドーイング練習をしてみましょう。
自信がついたら、ポーズなしのゆっくり音声で、さらにはナチュラル音声でも練習してみてください。

This announcement today has ended months of speculation. //
Will they? //
Won't they? //
We now know /
that BTS will be going into their mandatory military service. //
We heard from the label Big Hit Music saying, /
quote, they respect the needs of the country. //

ワンポイント解説

□BTS（防弾少年団）は韓国の7人組ヒップホップ系アイドルグループ。2021年から2年連続でグラミー賞にノミネートされるなど、世界的な人気を得ている。
□6行目のような「will＋進行形」は、「～しているところだろう」という未来の一時的な状況を表す場合と、「～することになる」という確定した未来を表す場合があるが、ここでは後者と考えられる。
□9行目のtheyはBTSを指している。

Let's Try to Answer! ［解答例はp.88］

Are you for or against Japan to have mandatory military service?

[Your Answer]

ポーズのところで区切った日本語訳です。区切り聞きした英語の意味を確認するほか、日本語を見て区切られた部分ごとに英語に言い換える「反訳」の練習（日→英サイトトランスレーション）を行えば発信型の英語力がアップします。

今日の発表は数カ月にわたる憶測に終止符を打った。//

彼らはするのか。//

しないのか。//

今は分かっている /

BTSは国民の義務である兵役に就くことになると。//

レーベルのビッグヒット・ミュージックが話すのを聞いた /

いわく、彼らは国の要求を尊重すると。//

次ページからはニュースの本文です。まず下の写真でイメージを描いておきましょう。

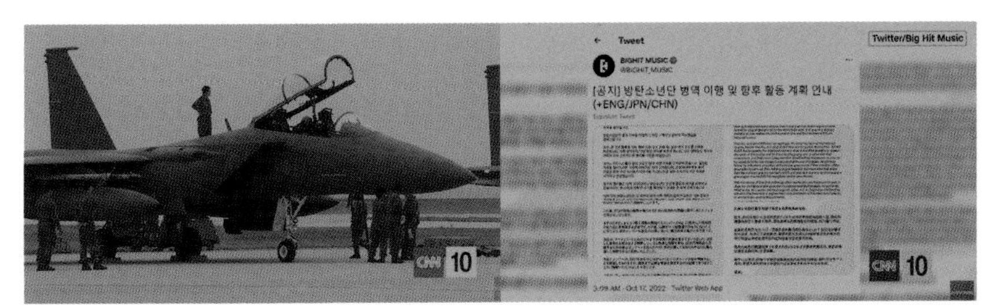

韓国の健康な男性は28歳になるまでに約2年間、兵役に就かなければなりません。BTSの所属レーベルは、メンバーの入隊をツイッター上で発表しましたが、ファン層が広いため韓・英・日・中の多言語になっていました（写真右）。

〈Body 2/2〉 ナチュラル音声［1回目］ Track 05　ゆっくり音声 Track 07　ナチュラル音声［2回目］ Track 74

ニュースの本文です。まずは、ナチュラル音声を聞いて内容を推測しましょう。
次に、ゆっくり音声でしっかり内容確認しましょう。

CNN REPORTER: Now, this has been under speculation as I say, for months. This has been debated within the South Korean parliament itself, as to whether or not BTS should be exempted or whether they should be carrying out their mandatory service. It is a conscription that all able-bodied men between the ages of 18 and 28 do need to go and serve in the military.

ワンポイント解説

□3行目のitselfはthe South Korean parliamentと同格の代名詞で、「ほかならぬ韓国国会」というような強調のニュアンスを表している。
□7行目のbetween the ages of 18 and 28は「満18歳ちょうどと満28歳ちょうどの間の年齢」を意味するので、「満18歳以上28歳未満」と訳すことができる。
□7行目のdoは動詞needを強調する助動詞。

重要ボキャブラリー

□**debate** [dibéit] 〜について議論する、討論する
□**parliament** [pɑ́ːləmənt] 議会、国会
□**exempt** [igzémpt] （義務などから）〜を免除する、除外する
□**conscription** [kənskrípʃən] 徴兵、徴兵制度
□**able-bodied** [éibl bɔ́diːd] 身体的に健全な、健常者の

〈ニュースの本文 2/2〉

BTS最年長メンバーのジン（写真中央）も入隊しました。

CNNレポーター： さて、お伝えしたように、このことについては数カ月にわたって憶測が飛び交ってきました。これはまさに韓国の国会で議論されてきたことなのです。すなわち、BTSは義務を免除されるべきか否か、兵役を果たすべきか、という問題です。この徴兵制度では、満18歳以上28歳未満の身体健全な男性は皆、必ず入隊し軍務に就かなければなりません。

語注

debate:
～について議論する、討論する

South Korean:
韓国の、大韓民国の

parliament:
議会、国会

as to:
～について、～に関して

whether or not:
～か否か、～かどうか

exempt:
（義務などから）～を免除する、除外する

carry out:
～を実行する、やり遂げる

conscription:
徴兵、徴兵制度

able-bodied:
身体的に健全な、健常者の

go and *do*:
～しに行く、行って～する

〈Body 2/2〉 ナチュラル音声［1回目］ Track 06 ゆっくり音声 Track 08 ナチュラル音声［2回目］ Track 75

ニュースの本文です。まずは、ナチュラル音声を聞いて内容を推測しましょう。
次に、ゆっくり音声でしっかり内容確認しましょう。

CNN REPORTER: But it was decided and it was debated at length that BTS should go ahead. Big Hit Music saying, quote, both the company and the members of BTS are looking forward to reconvening as the group around 2025.

So, certainly, the BTS ARMY as their very passionate fans are known will be looking forward to that date.

Aired on October 19, 2022

ワンポイント解説

□1行目の最初のitは「兵役に就くこと」を指すが、二番目のitは後ろのthat節の内容を指す仮主語。
□2～3行目のBig Hit Musicとsayingの間には本来isが入るべきだが、ニュースでは端的に示すために省略されることがある。
□6～7行目は、the BTS ARMY will be looking forward to...という文に、主語を説明するas their very passionate fans are knownという節が挿入された形になっている。

重要ボキャブラリー

□**decide** [disáid] ～を決定する、決着させる
□**at length** [ət léŋkθ] 長々と、詳細に
□**reconvene** [rìːkənvíːn] 再招集される、再び集まる
□**certainly** [sə́ːtnli] 確実に、間違いなく
□**passionate** [pǽʃənət] 熱烈な、情熱的な

〈ニュースの本文 2/2〉

グループとしてのBTSの活動再開は
2025年ごろの見込みです。

CNNレポーター： しかし、兵役に就くことが決定すると、BTSは前へ進むべきだという議論があれこれなされました。ビッグヒット・ミュージックは、いわく、「弊社もBTSのメンバーも2025年あたりにグループとして再結集できるのを楽しみにしています」と述べています。

ですから、熱狂的なファンとして知られるBTSアーミーは、間違いなく、その日を楽しみに待ち続けることでしょう。

（2022年10月19日放送）（訳：谷岡美佐子）

語注

decide:
〜を決定する、決着させる
at length:
長々と、詳細に
go ahead:
先へ進む、前進する
look forward to:
〜を楽しみに待つ、心待ちにする

reconvene:
再招集される、再び集まる
around:
およそ〜、〜あたり
certainly:
確実に、間違いなく

ARMY:
アーミー ▶BTSのファンを指す。Adorable Representative M.C for Youth（若者を代表する魅力的なMC）の頭文字を取ったとされている。

passionate:
熱烈な、情熱的な
fan:
熱狂的な支持者、ファン
date:
日付、期日

News 02 ナチュラル音声[1回目] Track 09 ゆっくり音声[ポーズなし] Track 11 ナチュラル音声[2回目] Track 76

アメリカ英語です。まずは、ナチュラル音声を聞いて内容を推測しましょう。
次に、ページをめくって、ゆっくり音声（ポーズ入り）でしっかり内容確認しましょう。

Historic Layoffs Across the Tech Industry

〈Introduction〉

CNN REPORTER: In three weeks, the tech industry lost tens of thousands of jobs. Historic layoffs at Twitter, Meta, Lyft and Amazon. Layoffs.fyi, a crowdsourced layoff tracking site, puts it at more than 35,000 layoffs so far this month.

ニュースのミニ知識

米国では急激な利上げによる景気減速の懸念や、コロナ禍による巣ごもり需要バブルの終えんが、IT企業に大打撃を与えている。2022年11月だけで72社の3万5,000人以上が解雇され、同年1月から業界全体で12万人が職を失ったとされる。パンデミックで他の業界が業績悪化に苦しむ中、IT大手は好調な決算を維持し、大規模な投資を行ってきた。しかし、景気減速の影響を受けやすいネット広告に依存しているIT業界は、今かつてない逆風を経験している。

重要ボキャブラリー

- □ **layoff** [léiɔ̀f] 一時解雇、レイオフ
- □ **tech** [ték] ＝technology 科学技術、テクノロジー
- □ **industry** [índəstri] 産業、業界
- □ **crowdsourced** [kráudsɔ̀ːrsd] クラウドソーシングの、クラウドソースによる
- □ **tracking** [trǽkiŋ] 追跡、追尾

かつては好調だったIT企業が最近、
大規模な人員握限を行っています。

巨大IT企業に吹く
歴史的な人員削減の嵐

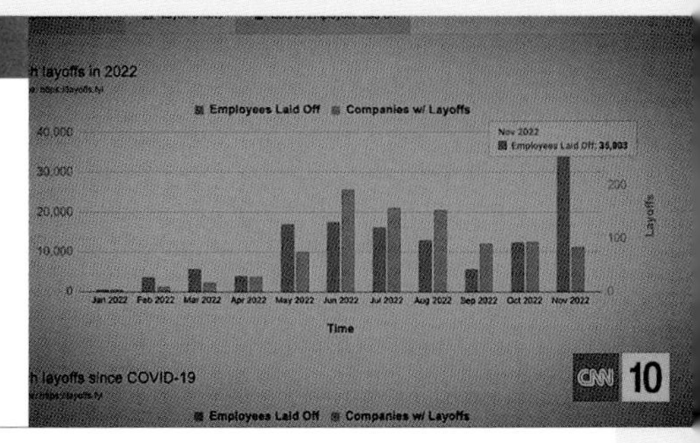

News 02

〈イントロダクション〉

CNNレポーター： IT業界では、3週間のうちに何万もの仕事が失われました。ツイッターやメタ、リフト、アマゾンでの歴史的な人員削減です。クラウドソーシングによるレイオフ追跡サイトのLayoffs.fyiは、今月のこれまでの解雇数を3万5,000人以上と見積もっています。

語注

historic:
歴史的な、歴史に残る
layoff:
一時解雇、レイオフ
tech:
＝technology 科学技術、テクノロジー
industry:
産業、業界
lose:
～を失う、減らす
tens of thousands of:
数万の、何万もの
job:
仕事、職
Twitter:
ツイッター
Meta:
メタ ▶正式名称Meta Platform。旧称Facebook。
Lyft:
リフト ▶オンライン配車サービスを提供する企業。
Amazon:
アマゾン
crowdsourced:
クラウドソーシングの、クラウドソースによる
tracking:
追跡、追尾
put A at B:
AをBと見なす、見積もる
so far:
これまで、今までのところ

区切り聞き／シャドーイング

ゆっくり音声［ポーズ入り］ Track 10

ゆっくり音声の適切な個所にポーズ（無言の間）が入れてあります。区切り聞きしてみましょう。
また、ポーズのところで、直前に聞き取った英語を自分で声に出すシャドーイング練習をしてみましょう。
自信がついたら、ポーズなしのゆっくり音声で、さらにはナチュラル音声でも練習してみてください。

In three weeks, /
the tech industry lost tens of thousands of jobs. //
Historic layoffs at Twitter, Meta, Lyft and Amazon. //
Layoffs.fyi, a crowdsourced layoff tracking site, /
puts it at more than 35,000 layoffs /
so far this month. //

ワンポイント解説

□2行目のtens of thousands of jobsでは、tenにもthousandにもjobにも複数形の -sが付くことに注意。
□4行目のa crowdsourced layoff tracking siteはLayoffs.fyiと同格で、Layoffs.fyiの説明になっている。
□5行目のitは「レイオフの数」を指していると考えられる。

Let's Try to Answer! ［解答例はp.89］

What do you think about the layoffs?

[Your Answer]

［反訳］日→英サイトトランスレーション

ポーズのところで区切った日本語訳です。区切り聞きした英語の意味を確認するほか、日本語を見て区切られた部分ごとに英語に言い換える「反訳」の練習（日→英サイトトランスレーション）を行えば発信型の英語力がアップします。

３週間のうちに /

IT業界では何万もの仕事が失われた。//

ツイッターやメタ、リフト、アマゾンでの歴史的な人員削減だ。//

クラウドソーシングによるレイオフ追跡サイトのLayoffs.fyi は /

解雇を３万5,000人以上と見積もっている /

今月はこれまでに。//

次ページからはニュースの本文です。まず下の写真でイメージを描いておきましょう。

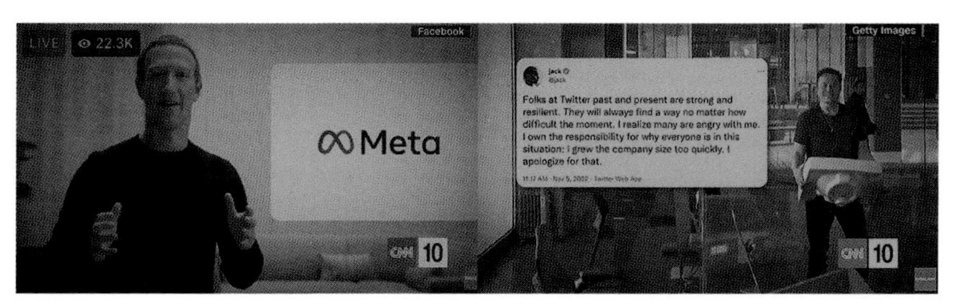

従業員の13パーセントを解雇したメタのCEOザッカーバーグ氏（左）。ツイッターでも新CEOマスク氏が社員数を半減させましたが、創業者のドーシー氏はツイートで謝罪を表明しました（右）。

〈Body 1/2〉 ナチュラル音声［1回目］ Track 12 ゆっくり音声 Track 14 ナチュラル音声［2回目］ Track 77

ニュースの本文です。まずは、ナチュラル音声を聞いて内容を推測しましょう。
次に、ゆっくり音声でしっかり内容確認しましょう。

CNN REPORTER: Meta cut its workforce by 13 percent. CEO Mark Zuckerberg saying he's taking accountability and apologizing to those impacted. New owner Elon Musk slashed half of Twitter staff with founder Jack Dorsey tweeting: The company grew too quickly, I apologize for that. And Amazon is laying off ten thousand workers this week, citing an unusual and uncertain macroeconomic environment.

ワンポイント解説

□2～3行目の文はCEO Mark Zuckerberg (is) saying (that) he's taking accountability and apologizing to those (who are) impacted.のように語を補って考えると分かりやすい。
□5行目のwith founder Jack Dorsey tweeting ...は付帯状況を表している。これはwhile founder Jack Dorsey is tweeting...などのように言い換えられる。

重要ボキャブラリー

□**workforce** [wə́ːrkfɔ̀ːrs] 全従業員、労働力
□**accountability** [əkàuntəbíləti] 責任、説明責任
□**apologize** [əpɑ́lədʒàiz｜əpɔ́-] 謝罪する、わびる
□**slash** [slæʃ] ～をさっと切る、大胆に削減する
□**founder** [fáundər] 創設者、創業者

〈ニュースの本文 1/2〉

勤めていたIT企業から
当日の朝、解雇を言い渡された男性。

CNNレポーター: メタは全従業員の13パーセントを削減しました。CEO（最高経営責任者）のマーク・ザッカーバーグ氏は、責任は自分にあり、影響を受けた人々に謝罪すると述べています。新オーナーであるイーロン・マスク氏はツイッターの従業員の半分をさっさと削減してしまいましたが、一方では創業者のジャック・ドーシー氏が「この会社の成長は速すぎた。そのことは謝りたい」とツイートしています。そしてアマゾンは今週、数万人の労働者を解雇しようとするに当たり、異常で不安定なマクロ経済の情勢を引き合いに出しています。

News 02

語注

cut:
〜を削減する、切る
workforce:
全従業員、労働力
CEO:
＝chief executive officer 最高経営責任者
accountability:
責任、説明責任
apologize:
謝罪する、わびる
impact:
〜に影響を与える
owner:
所有者、オーナー
slash:
〜をさっと切る、大胆に削減する
staff:
職員、社員
founder:
創設者、創業者
tweet:
（ツイッターで）〜をつぶやく、ツイートする
quickly:
急速に、速く
lay off:
〜を一時解雇する、レイオフする
cite:
〜を引用する、引き合いに出す
unusual:
普通でない、異常な
uncertain:
不安定な、不確かな
macroeconomic:
マクロ経済の
environment:
環境、情勢

〈Body 2/2〉 ナチュラル音声［1回目］ Track 13　ゆっくり音声 Track 15　ナチュラル音声［2回目］ Track 78

ニュースの本文です。まずは、ナチュラル音声を聞いて内容を推測しましょう。
次に、ゆっくり音声でしっかり内容確認しましょう。

CNN REPORTER: As American workers watch tech giants shed jobs at a rapid clip, many in other industries are asking, am I next?

Should they be nervous?

NELA RICHARDSON (CHIEF ECONOMIST, ADP RESEARCH INSTITUTE)**:** First of all, the tech economy are just two percent of the labor market. Tech is an important part of the economy but it is not the whole of the economy. The rest of the labor market is looking pretty good. The economy is adding jobs at a pretty healthy clip.

Aired on November 18, 2022

ワンポイント解説

□1～2行目のwatch tech giants shedは、「知覚動詞 (watch)＋目的語 (tech giants)＋原形不定詞 (shed)」の形で「目的語が～するのを知覚する」という意味を表す構文。その後ろのjobsはshedの目的語になっている。

□5行目のADP Research Instituteは、米国の大手ビジネスプロセス・アウトソーシング会社であるADP (Automatic Data Processing) 傘下の研究所で、雇用者数の動向を月次で調査した結果をADP雇用統計（ADP National Employment Report）として発表している。

重要ボキャブラリー

□**giant** [dʒáiənt]	巨大企業、大手 企業
□**shed** [ʃéd]	～を（余分なものとして）削減する、解雇する
□**at a ... clip** [klíp]	…の速度で、ペースで
□**nervous** [nə́ːrvəs]	緊張している、不安な
□**labor market** [léibər]	労働市場

〈ニュースの本文 2/2〉

米国には巨大IT企業が数多くありますが、
それも経済全体のごく一部にすぎません。

CNN レポーター： アメリカの労働者はIT大手が雇用を急速に削減するのを目の当たりにしているのですから、他の業界にいる人の多くが、次は自分ではないかという疑念を抱いています。

彼らは不安を感じるべきなのでしょうか？

ネラ・リチャードソン（ADPリサーチ・インスティテュート主席エコノミスト）**：** まず第一に、IT経済（テックエコノミー）は労働市場の２パーセントにすぎません。IT業界はアメリカ経済の重要な一部ですが、それが経済の全部というわけではありません。労働市場の残りの部分は、かなり好調なように見えます。経済としては雇用がかなりしっかりしたペースで伸びているんです。

（2022年11月18日放送）（訳：谷岡美佐子）

語注

giant:
巨大企業、大手企業
shed:
～を（余分なものとして）削減する、解雇する
rapid:
急速な、迅速な
at a ... clip:
…の速度で、ペースで
nervous:
緊張している、不安な
economist:
経済専門家、エコノミスト
research institute:
研究所、リサーチ・インスティテュート
first of all:
まず第一に、まず最初に
the whole of:
～の全部、全体
labor market:
労働市場
the rest of:
～の残りの部分、その他の～
pretty:
かなり、相当
add:
～を増やす、加える
healthy:
健全な、堅実な

アメリカ英語です。まずは、ナチュラル音声を聞いて内容を推測しましょう。
次に、ページをめくって、ゆっくり音声（ポーズ入り）でしっかり内容確認しましょう。

Ecotourism in Botswana

〈Introduction〉

CNN REPORTER: Tourism is big business in Botswana, a landlocked country in southern Africa where wilderness and game reserves are the main attractions.

Of its approximately 2.3 million people, nearly nine percent work in the industry, with the majority of visitors coming to bask in the jewel of the Kalahari, the Okavango Delta and its neighbor Chobe National Park.

ニュースのミニ知識

大自然に暮らす野生動物たちを目の当たりにできるサファリツアー。人間にとっては魅力的なアクティビティーだが、自然の生態系を損なっているとしたら？　アフリカ南部の国ボツワナのチョビ国立公園では、環境にできるだけ負荷をかけないエコツーリズムを実践している。サファリ内の移動には電気自動車を使い、川下り用の電動ボートにはソーラーパネルが設置されている。これらの乗り物はエンジン音が静かで、動物たちを怖がらせることなく観察できるという。

重要ボキャブラリー

- □ **ecotourism** [íːkoutùərizəm] エコツーリズム（ecology と tourism を合わせた語）
- □ **wilderness** [wíldərnəs] 手つかずの自然、原野
- □ **game reserve** [rizə́ːrv] 動物保護区、禁猟区
- □ **attraction** [ətrǽkʃən] （人を引き付ける）呼び物、観光名所
- □ **bask in** [bǽsk in] ～の良い状況に浸る、～を満喫する

ボツワナのチョベ国立公園は
エコツーリズムの名所になっています。

ボツワナの国立公園でエコツーリズム

〈イントロダクション〉

CNN レポーター： アフリカ南部の内陸国ボツワナでは観光が大きな産業になっており、そこでは手つかずの自然と動物保護区が主な見どころです。

この国の人口約230万の9パーセント近くが観光産業に従事しており、観光客の多くはカラハリ砂漠の宝であるオカバンゴ・デルタとその隣のチョベ国立公園を満喫するために訪れます。

News 03

語注

ecotourism:
エコツーリズム
▶ecology と tourism を合わせた語。
tourism:
観光、観光事業
business:
事業、産業
landlocked:
内陸の、海に接していない
wilderness:
手つかずの自然、原野
game reserve:
動物保護区、禁猟区
attraction:
（人を引き付ける）呼び物、観光名所
approximately:
およそ〜、約〜
nearly:
ほぼ〜、〜近く
industry:
産業、業界
majority:
大部分、過半数
visitor:
観光客、訪問者
bask in:
〜の良い状況に浸る、〜を満喫する
jewel:
貴重なもの、宝のようなもの
delta:
（河口の）三角州、デルタ地帯
neighbor:
隣の、近くの
national park:
国立公園

区切り聞き／シャドーイング

ゆっくり音声［ポーズ入り］ Track 17

ゆっくり音声の適切な個所にポーズ（無言の間）が入れてあります。区切り聞きしてみましょう。
また、ポーズのところで、直前に聞き取った英語を自分で声に出すシャドーイング練習をしてみましょう。
自信がついたら、ポーズなしのゆっくり音声で、さらにはナチュラル音声でも練習してみてください。

Tourism is big business in Botswana, /
a landlocked country in southern Africa /
where wilderness and game reserves are the main attractions. //
Of its approximately 2.3 million people, /
nearly nine percent work in the industry, /
with the majority of visitors coming to bask /
in the jewel of the Kalahari, the Okavango Delta /
and its neighbor Chobe National Park. //

ワンポイント解説

□2行目は直前のBotswanaと同格の句で、Botswanaの説明になっている。
□7～9行目は独立分詞構文（主節と主語が異なる場合の分詞構文）。付帯状況を表す独立分詞構文は、このようにwithを付けた形をとることが多くあり、「with＋主語＋分詞」の語順で「主語が～している状況において」という意味を表す。

Let's Try to Answer! ［解答例はp.90］

Would you like to visit the Chobe National Park? Why or why not?

[Your Answer]

ポーズのところで区切った日本語訳です。区切り聞きした英語の意味を確認するほか、日本語を見て区切られた部分ごとに英語に言い換える「反訳」の練習（日→英サイトトランスレーション）を行えば発信型の英語力がアップします。

ボツワナでは観光が大きな産業になっている /
それはアフリカ南部の内陸国だ /
そこでは手つかずの大自然と動物保護区が主な見どころだ。//

この国の人口約230万の /
９パーセント近くが観光産業に従事している /
一方、観光客の大半は満喫しに来ている /
カラハリ砂漠の宝であるオカバンゴ・デルタを /
そしてデルタに近いチョベ国立公園を。//

次ページからはニュースの本文です。まず下の写真でイメージを描いておきましょう。

電気自動車（左）だと、鳥のさえずりや動物たちの鳴き声がよく聞こえるそうです。電動ボート（右）は屋根に設置されたソーラーパネルで移動中にも発電できます。

〈Body 1/2〉 ナチュラル音声［1回目］Track 19　ゆっくり音声 Track 21　ナチュラル音声［2回目］Track 80

ニュースの本文です。まずは、ナチュラル音声を聞いて内容を推測しましょう。
次に、ゆっくり音声でしっかり内容確認しましょう。

CNN REPORTER: But while all that traffic can be good for the economy, it can come at a huge environmental cost, as waste, pollution and an increasing number of vehicles damage the health of the region's ecosystem.

Here in Chobe National Park, home to Africa's largest elephant population, Bainame Maome works as a guide for Chobe Game Lodge, the only permanent property inside its borders and the first in Africa to use an electric safari vehicle and electric-powered boat.

ワンポイント解説

□6～7行目のhome to Africa's largest elephant population は、その前のChobe National Parkの言い換えになっている。
□8～9行目のthe only permanent property以下も、その前のChobe Game Lodgeの言い換えになっている。なお、game lodge（ゲームロッジ）とは、大自然の中で動物と触れ合うサファリツアー用の宿泊施設を言う。この場合のgameは、game reserve（動物保護区）のgameと同じく「（保護しないと狩猟の獲物となってしまうような）動物」を指す。

重要ボキャブラリー

□**environmental** [envàiərənméntəl] 環境の、環境保護に関する
□**pollution** [pəlú:ʃən] 汚染、公害
□**vehicle** [ví:əkl] 乗り物、車両
□**ecosystem** [ékousìstim] 生態系、エコシステム
□**property** [prɑ́pərti | prɔ́pəti] 不動産、土地・建物

〈ニュースの本文 1/2〉

動物たちを怖がらせることなく、
電気自動車で近寄ることができます。

CNNレポーター： しかし、こうしたたくさんの人の往来は経済にとってはよいにしても、環境面の代償が甚大なものになりかねません。廃棄物や公害、車両数の増加によって、地域の生態系の健全性が損なわれるからです。

アフリカでも最大数のゾウの生息地である、ここチョベ国立公園で、ベナム・マオメさんは、チョベ・ゲームロッジのガイドとして働いています。それは公園内唯一の常設施設で、アフリカで初めて電気サファリカーや電動ボートを使い始めたゲームロッジです。

語注

while:
〜だが、〜とはいえ
traffic:
交通量、往来
huge:
巨大な、莫大な
environmental:
環境の、環境保護に関する
cost:
犠牲、代償
waste:
廃棄物、ごみ
pollution:
汚染、公害
increasing:
増加中の、増えている
vehicle:
乗り物、車両
damage:
〜に損害を与える、〜を傷つける
health:
健全性、安定
region:
地域、地帯
ecosystem:
生態系、エコシステム
(be) home to:
〜の生息地である
population:
（ある地域における）個体数
permanent:
永続的な、永久的な
property:
不動産、土地・建物
borders:
領域、領土
electric vehicle:
電気自動車　▶略称EV。
electric-powered:
電気で動く、電動の

〈Body 2/2〉 ナチュラル音声［1回目］Track 20　ゆっくり音声 Track 22　ナチュラル音声［2回目］Track 81

ニュースの本文です。まずは、ナチュラル音声を聞いて内容を推測しましょう。
次に、ゆっくり音声でしっかり内容確認しましょう。

CNN REPORTER: According to the lodge, the electric vehicles have helped them save over 2,500 gallons of diesel, reduce their carbon emissions by nearly 28 tons, and drastically cut back on an invisible but highly important issue in the natural world, noise pollution.

For a population so reliant on the income that tourism brings, eco-lodges like Chobe are vital in forging a path that can maintain and even boost visit numbers, without damaging the very ecosystem that makes Botswana such an attractive destination.

Aired on October 24, 2022

ワンポイント解説

□5～6行目の句は、For a population (which/that is) so reliant on the income that tourism bringsのように語を補って考えると分かりやすい。なお、tourismの前のthatはthe incomeを先行詞とする関係代名詞で、bringsの目的語になっている。

□9行目と10行目のthatは、それぞれa pathとthe very ecosystemを先行詞とする主格の関係代名詞。

重要ボキャブラリー

□ **diesel** [dí:zəl]　＝deisel fuel ディーゼル燃料、軽油

□ **carbon emissions** [ká:rbən imíʃənz]　炭素排出量

□ **noise pollution** [nɔiz]　騒音公害

□ **(be) reliant on** [riláiənt]　～に依存している、頼っている

□ **destination** [dèstənéiʃən]　目的地、行き先

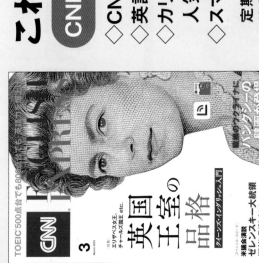

CNN GLENTSとは

GLENTSとは、**GLobal ENglish Testing System**という名の通り、世界標準の英語力を測るシステムです。リアルな英語を聞き取る**リスニングセクション**、海外の話題を読み取る**リーディングセクション**、異文化を理解するのに必要な知識を問う**国際教養セクション**から構成される、世界に通じる「ホンモノ」の英語力を測定するためのテストです。

CNN GLENTSの特長

■作られた英語ではなく生の英語ニュースが素材

リスニング問題、リーディング問題、いずれも世界最大のニュース専門放送局CNNの英語ニュースから出題。実際のニュース映像を使った「動画視聴問題」も導入しています。

■場所を選ばず受験できるオンライン方式

コンピューターやスマートフォン、タブレットなどの端末とインターネット接続があれば、好きな場所で受けられます。

■自動採点で結果をすぐに表示　国際指標CEFRにも対応

テスト終了後、自動採点ですぐに結果がわかります。国際的な評価基準であるCEFRとの対照レベルやTOEIC® Listening & Reading Testの予測スコアも表示されます。

■コミュニケーションに必要な社会・文化知識にも配慮

独自のセクションとして設けた「国際教養セクション」では、世界で活躍する人材に求められる異文化理解力を測ります。

■試験時間は約70分、受験料は3,960円（税込）です。

※画像はイメージです。

〈ニュースの本文 2/2〉

ロッジのごみのアップサイクル（創造的再利用）に
専門家の女性が取り組んでいます。

CNNレポーター： ロッジによれば、電気自動車のおかげで2,500ガロン（約1万リットル）以上のディーゼル燃料を節約し、炭素排出量を28トン近く削減した上、目には見えないが自然界においては非常に重要な問題である騒音公害を劇的に減らしたのだそうです。

観光産業がもたらす収益に大きく依存している住民たちにとって、チョベのような環境に配慮したロッジは、観光客の数を維持するばかりか押し上げることさえ可能となる道を切り開くのに不可欠であり、しかもボツワナをこれほど魅力的な目的地にしている生態系そのものを害することがないのです。

（2022年10月24日放送）（訳：谷岡美佐子）

語注

according to:
〜によれば
gallon:
ガロン ▶液量単位。1ガロンは約4リットル。
diesel:
＝diesel fuel ディーゼル燃料、軽油
reduce:
〜を減らす、減少させる
carbon emissions:
炭素排出量
drastically:
大幅に、劇的に
cut back on:
〜を減らす、削減する
invisible:
目に見えない、不可視の
noise pollution:
騒音公害
(be) reliant on:
〜に依存している、頼っている
income:
収益、収入
vital:
不可欠な、必須の
forge:
〜を築く、構築する
path:
道筋、方向
maintain:
〜を持続する、維持する
boost:
〜を引き上げる、上昇させる
attractive:
魅力的な、人を引きつける
destination:
目的地、行き先

News 04 ナチュラル音声［1回目］Track 23 ゆっくり音声［ポーズなし］Track 25 ナチュラル音声［2回目］Track 82

イギリス英語です。まずは、ナチュラル音声を聞いて内容を推測しましょう。
次に、ページをめくって、ゆっくり音声（ポーズ入り）でしっかり内容確認しましょう。

Virtual Real Estate in the Metaverse

〈Introduction〉

CNN REPORTER: This is Decentraland, it's just one of the hundreds of Metaverse platforms in existence.

After Facebook changed their name to Meta in 2021, digital worlds like this experienced a land boom. One property here even sold for $2.4 million.

ニュースのミニ知識

2021年のメタバース上の不動産取引額は580億円に上り、バーチャル空間における不動産投資が加熱している。サムソンやアディダスといったグローバル企業も、すでに仮想不動産への投資に参入しており、アラブ首長国連邦のドバイを拠点とする中東最大の不動産開発業社DAMACは、メタバースを不動産の販売促進に活用している。DAMACの顧客は購入した不動産のバーチャル版を受け取ることができ、オンラインでご近所づき合いやゲームを楽しむことができるという。

重要ボキャブラリー

- □ **virtual** [vә́ːrtʃuәl] 仮想の、バーチャルな
- □ **real estate** [ríːәl istéit] 不動産、土地
- □ **in existence** [igzístәns] 既存の、存在している
- □ **experience** [ekspíәriәns|iks-] ～を経験する、体験する
- □ **land boom** [lǽnd búːm] 不動産ブーム

メタバースの世界内で
不動産バブルが生じています。

メタバース上で
仮想不動産への投資が過熱

〈イントロダクション〉

CNN レポーター： ここはディセントラランド、現存する数百に上るメタバースのプラットフォームのひとつにすぎません。

フェイスブックが 2021 年に社名をメタに変更した後、このようなデジタル世界は土地ブームを経験しました。ここで 240 万ドルで販売された土地さえあります。

News 04

語注

virtual:
仮想の、バーチャルな
real estate:
不動産、土地
Metaverse:
メタバース ▶ネットワーク上の3次元の仮想空間。利用者は自分の分身(アバター)の姿で自由に移動したり会話したりできる。
Decentraland:
ディセントラランド ▶カリフォルニア州を拠点とするデジタル不動産会社が開発・運営する、3D 仮想世界プラットフォーム。
hundreds of:
数百の、何百もの
platform:
プラットフォーム ▶システムやサービスの「共通の土台（基盤）となる環境」を指すコンピューター用語。
in existence:
既存の、存在している
Facebook:
フェイスブック ▶2021 年に社名をメタに変更。
digital world:
デジタル世界
experience:
～を経験する、体験する
land boom:
土地ブーム
property:
不動産、土地・建物
sell for:
～の価格で販売する

区切り聞き／シャドーイング

ゆっくり音声［ポーズ入り］ Track 24

ゆっくり音声の適切な個所にポーズ（無言の間）が入れてあります。区切り聞きしてみましょう。
また、ポーズのところで、直前に聞き取った英語を自分で声に出すシャドーイング練習をしてみましょう。
自信がついたら、ポーズなしのゆっくり音声で、さらにはナチュラル音声でも練習してみてください。

This is Decentraland, /
it's just one of the hundreds of Metaverse platforms in existence. //
After Facebook changed their name to Meta in 2021, /
digital worlds like this experienced a land boom. //
One property here even sold for $2.4 million. //

ワンポイント解説

□1行目のDecentralandはブロックチェーン技術を用いており、暗号資産（仮想通貨）を使ってプラットフォーム内の不動産などを購入することができる。一時期、現実世界の一流ファッションブランドなどが続々とディセントラランド内に進出して話題になった。
□4行目のtheirはFacebookを受けた代名詞の所有格だが、企業のように大勢が働く組織を指す場合、このように複数形の代名詞を用いることが多い。

Let's Try to Answer! ［解答例はp.91］

Would you like to buy real estate in the Metaverse?

[Your Answer]

ポーズのところで区切った日本語訳です。区切り聞きした英語の意味を確認するほか、日本語を見て区切られた部分ごとに英語に言い換える「反訳」の練習(日→英サイトトランスレーション)を行えば発信型の英語力がアップします。

ここはディセントラランドだ /
それは現存する数百ものメタバースのプラットフォームのひとつにすぎない。//
フェイスブックが2021年に社名をメタに変更した後 /
このようなデジタル世界は土地ブームを経験した。//
ここのある土地が240万ドルで販売されたことさえある。//

次ページからはニュースの本文です。まず下の写真でイメージを描いておきましょう。

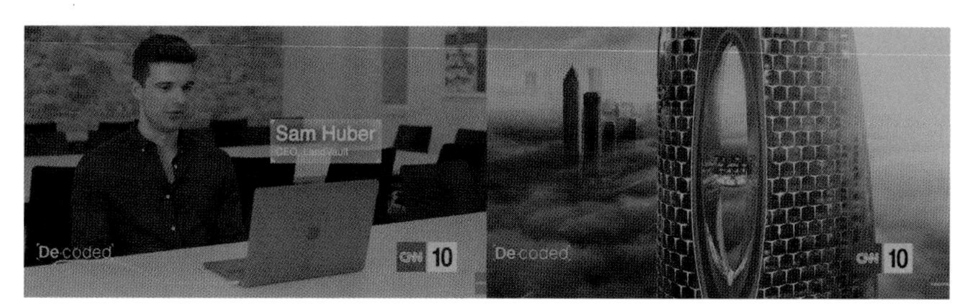

ランドボールド社のCEOサム・フーバー氏(左)。同社はメタバース上の不動産(右)を開発販売しています。

〈Body 2/2〉

ナチュラル音声［1回目］Track 26　ゆっくり音声 Track 28　ナチュラル音声［2回目］Track 83

ニュースの本文です。まずは、ナチュラル音声を聞いて内容を推測しましょう。
次に、ゆっくり音声でしっかり内容確認しましょう。

CNN REPORTER: Meeting me at the platform's trade center is Sam Huber, the CEO of LandVault.

His company buys, builds and rents out property to brands in the Metaverse. They say they own hundreds of real estate plots in more than a dozen worlds. Some of that land, Sam says, he's rented out for $60,000 a month.

ワンポイント解説

□1〜2行目のMeeting me at the platform's trade center全体が1つの名詞句で、続くisの主語になっている。

□4行目のThey say they own...の2つのtheyは、どちらも3行目のHis companyを指している。

□最後の文は、Sam says he's rented out some of that land for $60,000 a month.という文のsome of that land を前に持ってきて強調した形。

重要ボキャブラリー

□**trade center** [tréid] 貿易センター、トレードセンター

□**rent out** [rént] 〜を貸し出す、賃貸する

□**brand** [brǽnd] 銘柄、ブランド

□**own** [óun] 〜を所有する、所持する

□**plot** [plɔt | plɑt] （土地などの）区画、図面

〈ニュースの本文 2/2〉

ドバイのある不動産会社は、顧客に対し、
購入物件のデジタル版をプレゼントしています。

CNNレポーター： プラットフォームの貿易センターで出迎えてくれたのは、ランドボールト社のCEOサム・フーバーさんです。

彼の会社は、メタバース上で不動産を購入して建物を建築し、ブランド企業に貸し出しています。同社の発表によると、同社は1ダースを上回る数のメタバースワールド内に数百に上る土地区画を所有しています。サムさんによると、その中には月6万ドルで貸している土地もあるのだそうです。

語注

trade center:
貿易センター、トレードセンター

CEO:
＝chief executive officer 最高経営責任者

LandVault:
ランドボールト ▶仮想不動産投資などのメタバース事業を手がける会社。

build:
〜を建設する、築く

rent out:
〜を貸し出す、賃貸する

brand:
銘柄、ブランド

own:
〜を所有する、所持する

plot:
（土地などの）区画、図面

more than:
〜を上回った、〜以上の

dozen:
12個、1ダース

ニュースの本文です。まずは、ナチュラル音声を聞いて内容を推測しましょう。
次に、ゆっくり音声でしっかり内容確認しましょう。

SAM HUBER (CEO, LANDVAULT): You need to start speaking the language of those people who have been…were basically born with the Internet. They don't really watch TV, instead they play games. So, they are Metaverse, you know, native. They are the citizens of the Metaverse. And brands today need to start understanding that. Otherwise, they are the big risk of becoming irrelevant.

Aired on September 30, 2022

ワンポイント解説

□1行目のYouは「あなた」ではなく、「不特定の人々、みなさん」を指す。
□1行目のstart speakingや6〜7行目のstart understandingのようなstart *do*ingは、「〜することを始める」の意。これをstart to *do*としても意味はほぼ変わらないが、start *do*ingの方には「始めたことが継続される」ニュアンスを伴うのに対し、start to *do*にはそうしたニュアンスがなく、始めたということ自体に重点が置かれた表現になる。

重要ボキャブラリー

□**instead** [instéd] その代わりに、それよりも
□**native** [néitiv] 〜生まれの人、〜ネイティブ
□**citizen** [sítizn] 市民、住民
□**otherwise** [ʌ́ðərwàiz] そうしないと、さもなければ
□**irrelevant** [iréləvənt] 的外れの、見当違いの

〈ニュースの本文 2/2〉

メタバース内の暮らしを自然に受け入れる、
新しい世代が出現し始めています。

サム・フーバー(ランドボールト社の最高経営責任者)： みなさんは、基本的に生まれた時からインターネットがあったという人たちの言葉を話し始めなければなりません。彼らはあまりテレビを見ず、その代わりにゲームをして遊びます。ですから、彼らはメタバースの、そう、ネイティブなんですよ。彼らはメタバースの住民なのです。そして、現代のブランド企業はそのことをそろそろ理解する必要があります。さもないと、見当違いになってしまう危険性が大いにあります。

(2022年9月30日放送)(訳：谷岡美佐子)

News 04

語注

language:
言葉、言語
basically:
基本的に、元来
the Internet:
インターネット ▶世界規模のコンピューターネットワーク。

instead:
その代わりに、それよりも
native:
〜生まれの人、〜ネイティブ

citizen:
市民、住民
understand:
〜を理解する、分かる
otherwise:
そうしないと、さもなければ

risk:
危険性、恐れ
irrelevant:
的外れの、見当違いの

News 05　ナチュラル音声[1回目] Track 30　ゆっくり音声[ポーズなし] Track 32　ナチュラル音声[2回目] Track 85

アメリカ英語です。まずは、ナチュラル音声を聞いて内容を推測しましょう。
次に、ページをめくって、ゆっくり音声（ポーズ入り）でしっかり内容確認しましょう。

A Pup Frozen Amid Decoration Cats

〈Introduction〉

CNN REPORTER: This may look like a decorative dog standing amid five Halloween decoration cats. But the dog is real, a Lab by the name of Maverick.

Maverick's owner Adam Flores says it was the first time the dog saw the cats. He stopped in his tracks in their South Texas front yard as Adam, his wife and even his five-year-old daughter cracked up.

ニュースのミニ知識

仮装した若者が夜の街に繰り出して盛り上がるなど、日本でも最近は定番となったハロウィーン。アメリカでは、玄関先にいろいろな仕掛けをして、来訪者を驚かせるのもハロウィーンの楽しみのひとつだ。荷物を届けに来た宅配便業者がホラーな人形に出迎えられて腰を抜かしてしまった、などという話を聞くが、被害者は人間ばかりではないようだ。テキサス州のあるお宅で、猫に取り囲まれたラブラトールレトリバーが完全にフリーズしてしまった事案が報告された。

重要ボキャブラリー

- □ **pup** [pʌ́p]　＝puppy 子犬
- □ **freeze** [fríːz]　～を凍りつかせる、動けなくする
- □ **decoration** [dèkəréiʃən]　装飾、飾りつけ
- □ **in *one's* tracks** [trǽks]　その場で、突然
- □ **crack up** [krǽk ʌ́p]　爆笑する、ゲラゲラ笑い出す

犬のマーベリックが
装飾用の猫に囲まれてフリーズ！

猫に囲まれて
フリーズしてしまった犬

〈イントロダクション〉

CNN レポーター： これは、５匹のハロウィーン装飾用の猫に囲まれて立つ、飾り物の犬に見えるかもしれません。しかし、この犬は本物で、マーベリックという名のラブラトールレトリバーです。

マーベリックの飼い主のアダム・フローレスさんによると、この犬がこの猫たちを見たのは、その時が初めてだったそうです。マーベリックがテキサス州南部にある家の前庭で急に動きを止めると、アダムさんと妻、それに彼の５歳の娘までがゲラゲラ笑い出しました。

News 05

語注

pup:
＝puppy 子犬
freeze:
～を凍りつかせる、動けなくする
amid:
～に囲まれて、～の真ん中に
decoration:
装飾、飾りつけ
decorative:
装飾の、飾りの
stand:
立っている、動かないでいる
Halloween:
ハロウィーン ▶アメリカでは、10月31日の夜に子供たちが仮装して近所を回り、お菓子をもらう習慣がある。
Lab:
＝Labrador Retriever
ラブラドールレトリバー ▶狩猟犬の一種で、獲物を「回収する(retrieve)」ということに由来する。
by the name of:
～という名前の
owner:
飼い主、オーナー
in *one's* tracks:
その場で、突然
front yard:
（家の）前庭
crack up:
爆笑する、ゲラゲラ笑い出す

区切り聞き／シャドーイング

ゆっくり音声［ポーズ入り］ Track 31

ゆっくり音声の適切な個所にポーズ（無言の間）が入れてあります。区切り聞きしてみましょう。
また、ポーズのところで、直前に聞き取った英語を自分で声に出すシャドーイング練習をしてみましょう。
自信がついたら、ポーズなしのゆっくり音声で、さらにはナチュラル音声でも練習してみてください。

This may look like a decorative dog /
standing amid five Halloween decoration cats. //
But the dog is real, /
a Lab by the name of Maverick. //
Maverick's owner Adam Flores says /
it was the first time the dog saw the cats. //
He stopped in his tracks in their South Texas front yard /
as Adam, his wife and even his five-year-old daughter cracked up. //

ワンポイント解説

□2行目のstandingの前にwhich/who isを補って考えると分かりやすい。このwhich/whoはa decorative dogを先行詞とする主格の関係代名詞。動物が先行詞の場合の関係代名詞はwhichを用いることが多いが、ペットなどを人と同様に見なしてwhoを用いることもある。
□6行目は、it is...thatの強調構文のthatが省略された形。
□7行目のHeはthe dogを指す。犬の代名詞にはhe/his/himを用いるのが普通。

Let's Try to Answer! ［解答例はp.92］

How do you feel about Maverick being surrounded by the cats?

[Your Answer]

[反訳] 日→英サイトトランスレーション

ポーズのところで区切った日本語訳です。区切り聞きした英語の意味を確認するほか、日本語を見て区切られた部分ごとに英語に言い換える「反訳」の練習（日→英サイトトランスレーション）を行えば発信型の英語力がアップします。

これは飾り物の犬に見えるかもしれない /

５匹のハロウィーン装飾用の猫に囲まれてじっとしている。//

だが、この犬は本物だ /

マーベリックという名のラブラトールレトリバーだ。//

マーベリックの飼い主のアダム・フローレスさんによると /

この犬がこの猫たちを見たのはそれが初めてだった。//

この犬はテキサス州南部にある家の前庭で急に動きを止めた /

それと同時にアダムさんと妻、それに彼の５歳の娘までがゲラゲラ笑い出した。//

次ページからはニュースの本文です。まず下の写真でイメージを描いておきましょう。

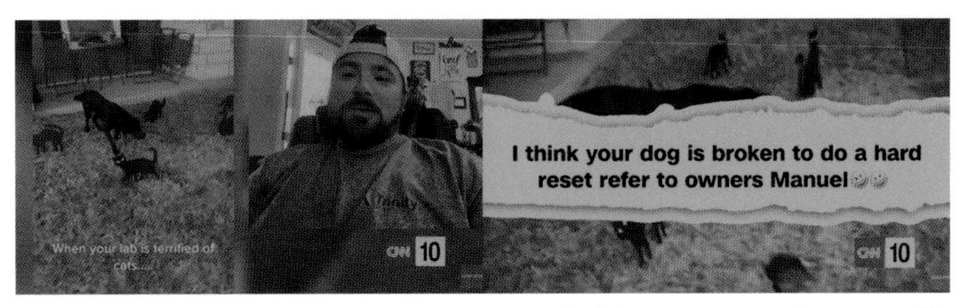

フリーズしたマーベリックを見た飼い主のアダムさんは家族とともに大爆笑（左）。ティックトックでは「マーベリックに再起動をかけろ」という声も出ました（右）。

ニュースの本文です。まずは、ナチュラル音声を聞いて内容を推測しましょう。
次に、ゆっくり音声でしっかり内容確認しましょう。

CNN REPORTER: "He looks like you paused him," commented one TikToker. Joked another, "I think your dog is broken. To do a hard reset, refer to owner's manual." And only after more than a minute of paralysis did Adam manage to break the spell.

ADAM FLORES (MAVERICK'S OWNER)**:** Hey, it's okay, dude.

ワンポイント解説

□1〜2行目の文はOne TikToker commented, "He looks like..." という語順に、またその次の文はAnother joked, "I think..." という語順に置き換えて考えると分かりやすい。

□5〜6行目のdid Adam manage to break the spellは、倒置を用いた強調構文。通常の語順ではAdam did manage to break the spellとなる。

重要ボキャブラリー

- □ **pause** [pɔːz] 〜を一時停止させる、止める
- □ **comment** [kɑ́ment | kɔ́-] 〜だと論評する、コメントする
- □ **owner's manual** [mǽnjuəl] 取扱説明書、オーナーズマニュアル
- □ **paralysis** [pərǽləsis] まひ状態、動きが停止した状態
- □ **break a spell** [spél] 魔法の呪文を解く、呪縛を解く

マーベリックのしっぽが動き出すまでに
1分以上もかかりました。

When your lab is terrified of cats...
CNN 10

CNN レポーター： 「この犬は、一時停止させられたみたいだ」と、あるティックトッカーがコメントしました。別のティックトッカーも、ジョークで、「お宅のワンちゃんは壊れてしまったんだと思う。再起動するために取扱説明書を見なよ」と言いました。そして、まひ状態が1分以上経ってからようやく、アダムさんはなんとかその呪縛を解くことができたのです。

アダム・フローレス (マーベリックの飼い主)**：** ほら、大丈夫だからね。

語注

pause:
〜を一時停止させる、止める
comment:
〜だと論評する、コメントする
TikToker:
ティックトック動画の配信者、ティックトッカー
joke (that):
〜だと冗談を言う
broken:
壊れた、故障した
hard reset:
(リセットボタンなどによる)機械的な再起動、ハードリセット
refer to:
〜を参照する、参考にする
owner's manual:
取扱説明書、オーナーズマニュアル
only after:
〜の後に初めて、〜してからようやく
paralysis:
まひ状態、動きが停止した状態
manage to *do*:
どうにかして〜する、〜を何とか成し遂げる
break a spell:
魔法の呪文を解く、呪縛を解く
dude:
(親しみを込めた呼びかけで) おまえ、おい

〈Body 2/2〉 ナチュラル音声［1回目］Track 34　ゆっくり音声 Track 36　ナチュラル音声［2回目］Track 87

ニュースの本文です。まずは、ナチュラル音声を聞いて内容を推測しましょう。
次に、ゆっくり音声でしっかり内容確認しましょう。

CNN REPORTER: His catatonic tail woke up first. Someone pointed out Lab thinks he's a Pointer. So we showed the video to Justin McGill who breeds Pointing Labs at Hunter's Point Kennel in Iowa.

JUSTIN MCGILL (HUNTER'S POINT KENNEL)**:** I don't know. He was pointing. He wasn't scared. His body language, his tail was medium. He wasn't tucked between his legs. He didn't have any control over that. That's just total instincts. He walked out the door, saw that and locked up.

Aired on October 17, 2022

ワンポイント解説

□8～9行目のHe wasn't tucked between his legs.は、tuck *one's* tail between *one's* legsという熟語の*one's* tailを主語とした受け身形の文と考えられ、本来はHis tail wasn't tucked...となるべきだが、his tailが直前の文に出ているのでHeでも意味は伝わる。
□9行目の...any control over that. That's just...の2つのthatは共にHe wasn't tucked between his legs.という文全体を指すが、10～11行目の...saw that and locked up.のthatは「装飾用の猫の一群」を指すと考えられる。

重要ボキャブラリー

□ **breed** [bríːd] ～を繁殖させる、繁殖のために飼育する
□ **kennel** [kénl] 犬小屋、犬舎
□ **scared** [skɛərd] おびえた、怖がった
□ **instinct** [ínstiŋkt] 本能、直感
□ **lock up** [lάkʌp | lɔ́kʌp] 動かなくなる、停止する

〈ニュースの本文 2/2〉

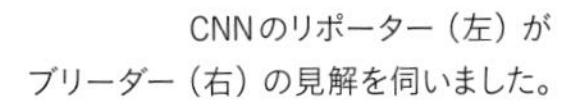

CNNのリポーター（左）が
ブリーダー（右）の見解を伺いました。

CNNレポーター： 硬直していたしっぽが最初に正気に戻りました。ラブラドールには自分はポインター犬なんだという思いがある、と誰かが指摘しました。そこで私たちは、この動画をアイオワ州の「ハンターズポイント・ケンネル」でポインティング・ラブラドールを繁殖しているジャスティン・マッギルさんに見てもらいました。

ジャスティン・マッギル（ハンターズポイント・ケンネル）： どうでしょう。この犬はポインティング姿勢をとっていました。怖がってはいませんでしたね。ボディーランゲージ上は、しっぽが表現媒体です。この犬のしっぽは巻いていませんでした。意識的にそうしたわけでは全くありません。それは完全に本能的なものでしかありません。ドアから外に歩み出て、その猫を見て固まってしまったのです。

（2022年10月17日放送）（訳：谷岡美佐子）

語注

catatonic:
緊張病の、硬直した
tail:
しっぽ、尾
wake up:
目覚める、意識が戻る
point out (that):
〜であると指摘する
Pointer:
ポインター　▶猟犬の一種。
breed:
〜を繁殖させる、繁殖のために飼育する
kennel:
犬小屋、犬舎
point:
（猟犬が獲物を）指し示す　▶ハンターに獲物の位置を指し示す姿勢を「ポインティング姿勢」という。
scared:
おびえた、怖がった
body language:
身体言語、ボディーランゲージ
medium:
伝達手段、メディア
tuck *one's* tail between *one's* legs:
しっぽを脚の間にはさみ込む、しっぽを巻く
have control over:
〜を制御する、コントロールする
total:
完全な、全くの
instinct:
本能、直感
lock up:
動かなくなる、停止する

アメリカ英語です。まずは、ナチュラル音声を聞いて内容を推測しましょう。
次に、ページをめくって、ゆっくり音声（ポーズ入り）でしっかり内容確認しましょう。

NASA's Artemis Mission to the Moon

〈Introduction〉

CNN ANCHOR: Humans haven't been back to the moon since 1972, but NASA wants to change that with their newest mission, Artemis.

They hope future launches will carry astronauts to the moon's south pole and they ultimately want to establish a permanent base on the moon for humans to live and work.

ニュースのミニ知識

2022年11月16日、NASA（米国航空宇宙局）は月面への人類着陸を目指す「アルテミス計画」の第1段階として、宇宙船「オリオン」を搭載した大型ロケット「SLS」をアメリカのケネディ宇宙センターから打ち上げた。当初8月に予定されていた打ち上げは、エンジントラブルや燃料漏れなどが原因で数度にわたり延期されていた。今回の無人試験飛行を経て、2024年に実際に宇宙飛行士を乗せて月を周回し、2025年には宇宙飛行士を月面に着陸させる計画だ。

重要ボキャブラリー

- □ **mission** [míʃən] （宇宙船の）飛行任務、ミッション
- □ **launch** [lɔːntʃ] （ロケットなどの）打ち上げ、発射
- □ **astronaut** [ǽstrənɔ̀ːt] （主に米国の）宇宙飛行士
- □ **south pole** [sáuθ póul] 南極、南極点
- □ **establish** [istǽbliʃ] ～を設立する、開設する

人類を再び月面に立たせる
「アルテミス計画」が進んでいます。

人類の月面再訪に挑む「アルテミス計画」

〈イントロダクション〉

CNNアンカー： 人類は1972年以降、月に戻っていませんが、NASA（米国航空宇宙局）は自分たちの最新のミッション「アルテミス計画」でそれを変えたいと考えています。

彼らの願いは将来行われる打ち上げで宇宙飛行士を月の南極まで運ぶことですが、最終的には月面に永久基地を開設し、人間がそこで暮らして働けるようにしたいと思っています。

News 06

語注

NASA:
＝National Aeronautics and Space Administration
米国航空宇宙局
Artemis:
アルテミス ▶ギリシャ神話の月の女神で、太陽神アポロと双子。
mission:
（宇宙船の）飛行任務、ミッション
human:
ヒト、人間
go back to:
～に戻る、再び行く
hope (that):
～であることを望む、期待する
future:
未来の、将来の
launch:
（ロケットなどの）打ち上げ、発射
carry A to B:
AをBに運ぶ、Bまで連れて行く
astronaut:
（主に米国の）宇宙飛行士
south pole:
南極、南極点
ultimately:
最終的に、究極的には
establish:
～を設立する、開設する
permanent:
永続的な、永久的な
base:
基地、拠点

区切り聞き／シャドーイング

ゆっくり音声［ポーズ入り］ Track 38

ゆっくり音声の適切な個所にポーズ（無言の間）が入れてあります。区切り聞きしてみましょう。
また、ポーズのところで、直前に聞き取った英語を自分で声に出すシャドーイング練習をしてみましょう。
自信がついたら、ポーズなしのゆっくり音声で、さらにはナチュラル音声でも練習してみてください。

Humans haven't been back to the moon since 1972, /
but NASA wants to change that /
with their newest mission, Artemis. //
They hope /
future launches will carry astronauts to the moon's south pole /
and they ultimately want to establish a permanent base on the moon /
for humans to live and work. //

ワンポイント解説

□1行目のbeen back toはgo back toの完了形だが、これをgone back toとすると「～へ再び行ってしまった（今はここにいない）」という意味になる。been back toは「～へ戻ったことがある」という経験を表しているので、両者の違いに注意する必要がある。

□5～6行目の文全体が直前の動詞hopeの目的語節になっている。future launches...の前に名詞節を導く接続詞のthatが省略されていると考えるとよい。

Let's Try to Answer! ［解答例はp.93］

Do you think it is a good idea for humans to live on the moon? Why?

[Your Answer]

ポーズのところで区切った日本語訳です。区切り聞きした英語の意味を確認するほか、日本語を見て区切られた部分ごとに英語に言い換える「反訳」の練習（日→英サイトトランスレーション）を行えば発信型の英語力がアップします。

人類は1972年以降、月に戻っていない /

だが、NASA（米国航空宇宙局）はそれを変えたいと考えている /

自分たちの最新のミッション「アルテミス計画」で。//

彼らが望んでいるのは /

将来の打ち上げで月の南極まで宇宙飛行士を運ぶことだ /

そして彼らは最終的に永久基地を月面に開設したいと思っている /

人間が暮らして働くために。//

次ページからはニュースの本文です。まず下の写真でイメージを描いておきましょう。

1972年の月面着陸（左）以降、人類は半世紀以上も月に降り立っていません。NASAが月面探査の先に見据えているのは、火星への人類移住という壮大な計画です（右）。

〈Body 1/2〉 ナチュラル音声［1回目］ Track 40 ゆっくり音声 Track 42 ナチュラル音声［2回目］ Track 89

ニュースの本文です。まずは、ナチュラル音声を聞いて内容を推測しましょう。
次に、ゆっくり音声でしっかり内容確認しましょう。

CNN REPORTER: Here's how NASA would make it happen: astronauts would travel to the moon on the Orion spacecraft, on top of the most powerful rocket NASA has ever built. Orion would then rendezvous with Gateway, a space station orbiting the moon. From there, astronauts would transfer to a reusable lunar lander built by a commercial partner like SpaceX.

ワンポイント解説

□1行目から6行目まで頻繁に出てくる助動詞wouldは、「（条件が合えば）～ということになる」という推測のニュアンスを表している。
□3～4行目のthe most powerful rocketとNASA has ever builtの間、および6～7行目のa reusable lunar landerとbuilt byの間には、目的格の関係代名詞which/thatが省略されていると考えると分かりやすい。

重要ボキャブラリー

□**spacecraft** [spéiskræ̀ft] 宇宙船、宇宙探査機
□**rendezvous with** [rɑ́ndeivù | rɔ́ndivùː] （宇宙船などが）～と互いに調整して会う、ランデブーする
□**orbit** [ɔ́ːrbət] ～の軌道を回る、～を周回する
□**transfer to** [trænsfə́ːr] ～に乗り換える、移る
□**lunar** [lúːnər] 月の、月探査の

〈ニュースの本文 1/2〉

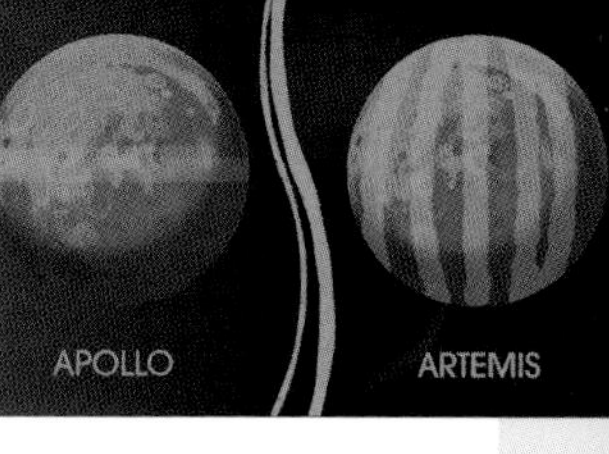

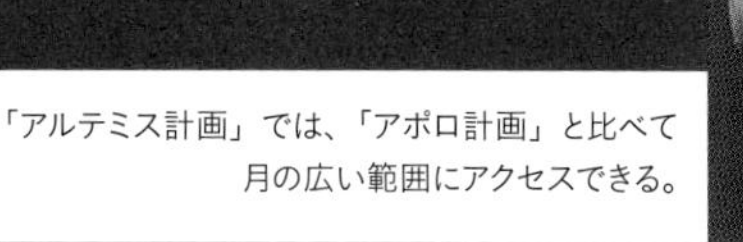
「アルテミス計画」では、「アポロ計画」と比べて
月の広い範囲にアクセスできる。

CNNレポーター： NASAがそれを実現させる方法は、次のようなものです。宇宙飛行士たちは宇宙船「オリオン」で月まで行くことになりますが、その宇宙船はNASAがこれまでに製造した中で最も強力なロケットに搭載されるのです。「オリオン」はその後、月を周回している宇宙ステーション「ゲートウェイ」とランデブーします。そこから、宇宙飛行士たちは、スペースXなどの民間提携企業が製造した再利用可能な月面着陸船に乗り換えます。

語注

make...happen:
…を生じさせる、実現させる
travel to:
(乗り物で) ～まで行く
spacecraft:
宇宙船、宇宙探査機
on top of:
～の上で、～に載せて
powerful:
強力な、パワーのある
rocket:
ロケット
build:
～を建造する、造る
rendezvous with:
(宇宙船などが) ～と互いに調整して会う、ランデブーする
space station:
宇宙基地、宇宙ステーション
orbit:
～の軌道を回る、～を周回する
transfer to:
～に乗り換える、移る
reusable:
再利用可能な、再使用できる
lunar:
月の、月探査の
lander:
(月面などへの) 着陸船
commercial:
商業の、民間の
partner:
協力者、提携企業
SpaceX:
スペースX ▶起業家イーロン・マスクによって2002年に設立された米国の航空宇宙企業。

ニュースの本文です。まずは、ナチュラル音声を聞いて内容を推測しましょう。
次に、ゆっくり音声でしっかり内容確認しましょう。

CNN REPORTER: Unlike Apollo, the Gateway space station would allow access to more areas of the moon. It will also be the home of scientific experimentation and NASA plans to continually send astronauts to the moon for years to come after the first phase of Artemis.

In 1969, Apollo took humanity to new heights. By 2025, Artemis could prepare it for new worlds.

Aired on September 12, 2022

ワンポイント解説

□3行目のItは前文の主語のthe Gateway space stationを指し、8行目のitは前行のhumanityを指す。
□8行目の最後がnew worldsと複数形になっているのは、「アルテミス計画」が月面探査で終わらず、火星への人類移住まで視野に入れているため。

重要ボキャブラリー

□ **access to** [ǽkses]	～への接近、アクセス
□ **experimentation** [ikspèrimentéiʃən | eks-]	実験、実験法
□ **phase** [feiz]	段階、局面
□ **humanity** [hjuːmǽnəti]	（集合的に）人類、人間
□ **height** [háit]	高さ、高み

〈ニュースの本文 2/2〉

Artemis program costs
$93 billion
By 2025
Source: NASA Inspector General Report

この計画には2025年までに930億ドルの費用がかかる見込みだと報告するCNNレポーター。

CNNレポーター：「アポロ計画」と違って、宇宙ステーション「ゲートウェイ」は、月のより広範囲な場所へのアクセスを可能にしてくれます。この宇宙ステーションは科学実験の拠点にもなり、NASAは、「アルテミス計画」の第1段階終了後、その先何年も継続的に宇宙飛行士を月に送り込むことを計画しています。

1969年、「アポロ計画」は人類を新たな高みに連れて行きました。2025年までに、「アルテミス計画」によって人類は新たな世界への準備を整えることができるかもしれません。

(2022年9月12日放送)(訳：谷岡美佐子)

News 06

語注

unlike:
〜とは異なり、違って
Apollo:
アポロ　▶1960-1972年に行われた、月面への人間の着陸を目標にした米国の宇宙飛行計画および宇宙船の名前。
allow:
〜を許す、可能にする
access to:
〜への接近、アクセス
area:
地域、場所
home:
中心地、本拠地
scientific:
科学の、科学的な
experimentation:
実験 、実験法
continually:
継続的に、頻繁に
send A to B:
AをBに送り込む、派遣する
for years to come:
この先何年も、今後何年も
phase:
段階、局面
humanity:
(集合的に) 人類、人間
height:
高さ、高み
prepare A for B:
AにBの準備をさせる、用意をさせる

イギリス英語です。まずは、ナチュラル音声を聞いて内容を推測しましょう。
次に、ページをめくって、ゆっくり音声（ポーズ入り）でしっかり内容確認しましょう。

Finland Builds Underground City

〈Introduction〉

CNN REPORTER: Question is, when is a parking garage not a parking garage? And the answer is, when it's part of a tunnel and bunker network to be used in case of war. And there is one country threatening that war, potentially the big threat, Russia.

ニュースのミニ知識

ロシアと1,300キロにわたり国境を接するフィンランドは、2022年のロシアのウクライナ侵攻を受けて、隣国スウェーデンとともに北大西洋条約機構（NATO）への加入の準備を進めている。フィンランドは第二次世界大戦開始直後の1939年に旧ソビエト連邦に侵略され、激しい砲撃を受けた歴史がある。その苦い教訓から、首都ヘルシンキには5,000を超える地下シェルターが存在し、有事の際は72時間以内に同市の人口を超える90万人以上を受け入れることが可能だとしている。

重要ボキャブラリー

- □ **parking garage** [pá:kiŋ gǽrɑ:ʒ] 立体駐車場、屋内駐車場
- □ **tunnel** [tʌ́nl] 地下道、トンネル
- □ **bunker** [bʌ́ŋkər] （堅固な）地下壕、地下シェルター
- □ **threaten** [θrétən] ～を実行すると脅す、～が生じる恐れを抱かせる
- □ **threat** [θrét] 危険な存在、脅威

フィンランドには屋内運動場まで備えた
巨大な地下シェルターがあります。

フィンランドに
巨大な地下シェルター都市

〈イントロダクション〉

CNN レポーター： 問題は、屋内駐車場が駐車場でなくなるのはどのような時か、です。そしてその答えは、その駐車場が、もし戦争になった場合に使われるトンネルや地下シェルターのネットワークの一部になっている時、です。そして、その戦争をすると脅している国がひとつあるのですが、それは潜在的に大きな脅威であるロシアです。

News 07

語注

build:
～を建設する、築く
underground city:
地下街、地下都市
question:
質問、問題
parking garage:
立体駐車場、屋内駐車場

part of:
～の一部、部分
tunnel:
地下道、トンネル
bunker:
（堅固な）地下壕、地下シェルター
network:
網状組織、ネットワーク

in case of:
もし～の場合、～の場合に備えて
threaten:
～を実行すると脅す、～が生じる恐れを抱かせる
war:
戦争、武力闘争

potentially:
潜在的に、もしかすると
threat:
危険な存在、脅威

区切り聞き／シャドーイング

ゆっくり音声［ポーズ入り］ Track 45

ゆっくり音声の適切な個所にポーズ（無言の間）が入れてあります。区切り聞きしてみましょう。
また、ポーズのところで、直前に聞き取った英語を自分で声に出すシャドーイング練習をしてみましょう。
自信がついたら、ポーズなしのゆっくり音声で、さらにはナチュラル音声でも練習してみてください。

Question is, /
when is a parking garage not a parking garage? //
And the answer is, /
when it's part of a tunnel and bunker network /
to be used in case of war. //
And there is one country threatening that war, /
potentially the big threat, Russia. //

ワンポイント解説

□2行目は、a parking garage is not a parking garageという文のisが疑問詞whenに導かれて前に出た形になっている。
□6行目は、And there is one country (which is) threatening that war,のように語を補って考えると分かりやすい。
□7行目のpotentially the big threatはRussiaと同格。

Let's Try to Answer! ［解答例はp.94］

Do you think Japan should also build bunkers? Why?

［Your Answer］

[反訳] 日→英サイトトランスレーション

ポーズのところで区切った日本語訳です。区切り聞きした英語の意味を確認するほか、日本語を見て区切られた部分ごとに英語に言い換える「反訳」の練習(日→英サイトトランスレーション)を行えば発信型の英語力がアップします。

問題は /

屋内駐車場が駐車場でなくなるのはどのような時か、だ。//

そしてその答えは /

それがトンネルや地下シェルターのネットワークの一部である時だ /

もし戦争になった場合に使用されるために。//

そして、その戦争をすると脅している国がひとつある /

潜在的に大きな脅威であるロシアだ。//

次ページからはニュースの本文です。まず下の写真でイメージを描いておきましょう。

CNNレポーターを地下シェルターに案内するヘルシンキ市の担当者(左)。市民が利用できるカフェのほか、子供の遊び場なども完備されています(右)。

〈Body 2/2〉

Track 47 ナチュラル音声［1回目］ Track 49 ゆっくり音声 Track 92 ナチュラル音声［2回目］

ニュースの本文です。まずは、ナチュラル音声を聞いて内容を推測しましょう。
次に、ゆっくり音声でしっかり内容確認しましょう。

CNN REPORTER: Twenty meters, 60 feet below ground, cut into Helsinki's bedrock. The government has been building bunkers here since the 1960s, 5,500 in Helsinki, more than 50,000 across the country, enough for 80 percent of the country's 5.5 million population. But the scale of it, not the only surprise; some of it is open to the public.

What's this?

TOMI RASK (HELSINKI CITY RESCUE DEPARTMENT)**:** For a ball game.

ワンポイント解説

□1行目の60 feetは、その前のTwenty metersの言い換え。
□3行目のhas been buildingは現在完了進行形で、「～を建設し続けてきた」ことを表す。
□5行目のenoughの前や6～7行目のnot the only surpriseの前には、be動詞が省略されている。これは、ニュースをテンポよく伝えるためと思われる。

重要ボキャブラリー

□ **bedrock** [bédrɔ̀k | -rɑ̀k] 岩盤、基盤岩
□ **government** [gʌ́vərnmənt] 政府、行政
□ **(be) enough for** [inʌ́f] ～にとって十分である、～に足りる
□ **scale** [skeil] 規模、スケール
□ **surprise** [sərpráiz] 驚き、予期しないこと

〈ニュースの本文 2/2〉

地下シェルター内のこの水泳プールには
約3,800人が避難可能です。

CNNレポーター： 地下20メートル、すなわち地下60フィートの、ヘルシンキの岩盤への切り込みです。1960年代以降、フィンランド政府はここに地下シェルターを建設し続けてきました。ヘルシンキに5,500カ所、全国に5万カ所以上というのは、この国の人口550万の8割に足りる数です。しかし、驚くのはその規模ばかりでなく、その一部が一般に公開されていることです。

これは何ですか。

トミー・ラスク（ヘルシンキ市救難局）： 球技をするための場所です。

語注

feet:
フィート ▶footの複数形で、長さの単位。1フィートは約30センチ。
below ground:
地下に、地下へ
cut into:
〜への切り込み、食い込み
Helsinki:
ヘルシンキ ▶フィンランドの首都。
bedrock:
岩盤、基盤岩
government:
政府、行政
since:
〜以来、〜からずっと
across the country:
国中に、全国に
(be) enough for:
〜にとって十分である、〜に足りる
million:
100万
population:
住民数、人口
scale:
規模、スケール
surprise:
驚き、予期しないこと
be open to the public:
一般に公開されている、一般公開中である
rescue:
救助、救援
department:
（政府の）局、部
ball game:
球技

〈Body 2/2〉 ナチュラル音声［1回目］Track 48 ゆっくり音声 Track 50 ナチュラル音声［2回目］Track 93

ニュースの本文です。まずは、ナチュラル音声を聞いて内容を推測しましょう。
次に、ゆっくり音声でしっかり内容確認しましょう。

CNN REPORTER: This is a bunker with a sports hall? Oh, my goodness.

Much of it, dual-use to offset the costs. And not just sports halls, children's play areas, possibly the safest in the world; cafes, even a swimming pool. But everything here with one purpose in mind: blast doors, gas barriers, decontamination areas.

Aired on October 19, 2022

ワンポイント解説

□3行目のMuch of it以下の文では、述語動詞がほとんど省略されており、句の並列になっている。ただ、それぞれの句の意味が分かれば、句と句のつながりも普通に理解できる。日本語の会話でも完結した文の形になっていなくても通じることが多いが、それと同様と考えられる。
□4～5行目のpossibly the safest in the worldは、ここが地下シェルターであることをふまえた表現。

重要ボキャブラリー

□ **my goodness** [gúdnəs]	（驚きなどを表して）おやまあ、なんてことだ
□ **dual-use** [djúːəl júːs]	二重用途の、軍民両用の
□ **offset** [ɔ́fsèt | ɔ́ːf-]	～を埋め合わせる、相殺（そうさい）する
□ **purpose** [pə́ːpəs | pə́ːr-]	目的、狙い
□ **decontamination** [dìːkəntæ̀mənéiʃən]	（放射能などの）汚染除去、除染

〈ニュースの本文 2/2〉

平時は駐車場として使われている場所も、
有事には避難所になります。

CNNレポーター： ここは屋内運動場を備えた地下シェルターなのですか。おー、なんとまあびっくりです。

その多くは、経費を埋め合わせるために軍民両用となっています。そして屋内運動場だけでなく、もしかしたら世界一安全かもしれない子供の遊び場や、カフェに水泳プールまであります。しかし、ここにあるものはすべて、ある目的を念頭に置いています。すなわち防爆扉、ガスの防壁、放射能の除染区域です。

(2022年10月19日放送)(訳：谷岡美佐子)

語注

sports hall:
屋内運動場、体育館
my goodness:
(驚きなどを表して) おやまあ、なんてことだ
dual-use:
二重用途の、軍民両用の
offset:
～を埋め合わせる、相殺 (そうさい) する
cost:
費用、経費
play area:
遊び場、キッズコーナー
possibly:
もしかすると、ことによると
swimming pool:
水泳プール、スイミングプール
purpose:
目的、狙い
in mind:
～を考慮して、念頭に置いて
blast door:
防爆扉、ブラストドア ▶爆発の圧力に耐える扉、または開閉できる隔壁。
gas barrier:
ガス障壁、ガスバリア
decontamination:
(放射能などの) 汚染除去、除染

アメリカ英語です。まずは、ナチュラル音声を聞いて内容を推測しましょう。
次に、ページをめくって、ゆっくり音声（ポーズ入り）でしっかり内容確認しましょう。

A New Way to Harness the Sun's Energy

〈Introduction〉

CNN REPORTER: In California's Mojave Desert, renewable energy company Heliogen is working to harness concentrated sunlight for more than just powering your home. Using artificial intelligence, these mirrors can produce the extremely high temperatures needed to make things like concrete, steel and green hydrogen.

ニュースのミニ知識

米国の再生可能エネルギーのスタートアップ企業、ヘリオジェン社は、化石燃料に代わるエネルギーとして、集光型太陽光発電の実用化を進めている。1枚1枚の反射パネルを、コンピューターのアルゴリズムを用いて最適な角度に動かし、太陽光を一点に集中させることで、セ氏約1,000度の熱を生み出す新技術だ。エネルギーの貯蔵を可能にしたことで、曇りの日には稼働できないという太陽光発電の弱点を克服した。ビル・ゲイツ氏が支援していることでも知られる。

重要ボキャブラリー

- □ **harness** [hɑ́ːrnəs | hɑ́ːnəs] （自然力などを）役立てる、利用する
- □ **renewable energy** [rinúːəbl énərdʒi] 再生可能エネルギー、自然エネルギー
- □ **concentrated sunlight** [kɔ́nsəntreitid] 集中太陽光、高濃度太陽光
- □ **artificial intelligence** [ɑ̀rtifíʃəl intélidʒəns] 人工知能（略称 AI）
- □ **hydrogen** [háidrədʒən] 水素

問題視されることも多かった太陽光発電が
大きな進歩を見せています。

太陽光発電の弱点を遂に克服した新技術

〈イントロダクション〉

CNNレポーター： カリフォルニア州のモハーベ砂漠で再生可能エネルギー企業のヘリオジェン社が取り組んでいるのは、集中太陽光を単なる住宅への電力供給以上の用途に利用することです。人工知能を用いると、これらの反射鏡は、コンクリートや鉄鋼、無公害な水素などを作るのに必要な、極めて高い温度を生み出すことができます。

語注

harness:
（自然力などを）役立てる、利用する
desert:
砂漠
renewable energy:
再生可能エネルギー、自然エネルギー
work to *do*:
～しようと努力する、～することに取り組む
concentrated sunlight:
集中太陽光、高濃度太陽光
power:
～に電力を供給する、動力を供給する
home:
住宅、家
artificial intelligence:
人工知能　▶略称AI。
mirror:
鏡、反射鏡
produce:
～を作り出す、生産する
extremely:
極めて、非常に
temperature:
温度、熱さ
concrete:
コンクリート
steel:
鋼鉄、スチール
green:
環境に優しい、無公害の
hydrogen:
水素

区切り聞き／シャドーイング

ゆっくり音声［ポーズ入り］ Track 52

ゆっくり音声の適切な個所にポーズ（無言の間）が入れてあります。区切り聞きしてみましょう。
また、ポーズのところで、直前に聞き取った英語を自分で声に出すシャドーイング練習をしてみましょう。
自信がついたら、ポーズなしのゆっくり音声で、さらにはナチュラル音声でも練習してみてください。

In California's Mojave Desert, /
renewable energy company Heliogen is working /
to harness concentrated sunlight /
for more than just powering your home. //
Using artificial intelligence, /
these mirrors can produce the extremely high temperatures /
needed to make things like concrete, steel and green hydrogen. //

ワンポイント解説

□4行目のyourは、「あなたの」ではなく、「(世間一般の) 人々の」の意。
□5行目は分詞構文になっている。
□6～7行目のthe extremely high temperaturesと8行目のneeded to make thingsの間にwhich areを補って考えると分かりやすい。

Let's Try to Answer! ［解答例はp.95］

Are you interested in investing in companies like this? Why?

[Your Answer]

[反訳] 日→英サイトトランスレーション

ポーズのところで区切った日本語訳です。区切り聞きした英語の意味を確認するほか、日本語を見て区切られた部分ごとに英語に言い換える「反訳」の練習（日→英サイトトランスレーション）を行えば発信型の英語力がアップします。

カリフォルニア州のモハーベ砂漠で /

再生可能エネルギー企業のヘリオジェン社は取り組んでいる /

集中太陽光を利用することに /

単に住宅に電力を供給する以上の目的で。//

人工知能を用いると /

これらの反射鏡は極めて高い温度を生み出すことができる /

極めて高い温度はコンクリートや鉄鋼、無公害の水素などを作るのに必要とされている。//

次ページからはニュースの本文です。まず下の写真でイメージを描いておきましょう。

ベンチャー企業のヘリオジェン社は、アルゴリズムを用いて反射パネルを調整し、効率的にエネルギーを生み出しています（左）。同社の創設者で最高経営責任者のビル・グロス氏（右）。

〈Body 1/2〉 ナチュラル音声［1回目］ Track 54 ゆっくり音声 Track 56 ナチュラル音声［2回目］ Track 95

ニュースの本文です。まずは、ナチュラル音声を聞いて内容を推測しましょう。
次に、ゆっくり音声でしっかり内容確認しましょう。

CNN REPORTER: It's the algorithm that separates Heliogen from other concentrated solar power ventures. Heliogen doesn't need complex mirrors. Instead, they use cameras and computing power to align their mirrors to reflect sunlight onto a refinery tower. This process creates temperatures of about a thousand degrees Celsius and all of that heat is directed and stored in big thermos-like containers.

ワンポイント解説

□1～3行目の文はIt is...that～の強調構文で、「～なのは…だ、…こそが～だ」の意を表す。
□7行目のa thousand degrees Celsiusは1,000℃のように略記されることも多いが、読み方はやはりa thousand degrees Celsius。このとき、degreesの複数形に注意する必要がある。1度の場合だけone degreeと単数形になるが、それ以外はすべてdegreesと複数形になる（0度もzero degreesと複数扱い）。なお、欧米ではセ氏ではなくカ氏（Fahrenheit）を温度の単位に用いることが少なくない。

重要ボキャブラリー

- □**algorithm** [ǽlgərìðəm] 演算法、アルゴリズム
- □**concentrated solar power** [sóulər páuər] 集光型太陽光発電、集光型太陽熱発電（略称CSP）
- □**align** [əláin] ～を調整する、調節する
- □**reflect** [riflékt] ～を反射する
- □**Celsius** [sélsiəs] （温度の単位が）セ氏の

〈ニュースの本文 1/2〉

ソーラーパネルが反射した太陽光エネルギーを
一点に集光する精製塔。

CNNレポーター： そのアルゴリズムこそが、ヘリオジェン社と他の集光型太陽光発電のベンチャー企業との間に一線を画すものです。ヘリオジェン社は複雑な反射鏡を必要としません。その代わりに、同社はカメラと演算能力を使って、反射された太陽光が精製塔に向かうように自社の反射鏡を調整しています。この工程のおかげでセ氏約1,000度の熱さが生み出されるのですが、その熱のすべてが大きな魔法びんのようなコンテナに行くようになっており、そこに貯蔵されます。

語注

algorithm:
演算法、アルゴリズム
separate A from B:
BからAを切り離す、BとAを区別する
concentrated solar power:
集光型太陽光発電、集光型太陽熱発電
▶略称CSP。
venture:
ベンチャー、ベンチャー企業
complex:
複雑な、複合的な
instead:
その代わりに
computing power:
演算能力、計算能力
align:
〜を調整する、調節する
reflect:
〜を反射する
onto:
〜上に、〜の方に向けて
refinery tower:
精製塔、精製装置
Celsius:
(温度の単位が)セ氏の
heat:
熱、熱源
direct:
〜に道を教える、行き先を指示する
store:
〜を蓄える、貯蔵する
thermos-like:
魔法びんのような、保温ポット的な
container:
容器、コンテナ

〈Body 2/2〉 ナチュラル音声［1回目］Track 55　ゆっくり音声 Track 57　ナチュラル音声［2回目］Track 96

ニュースの本文です。まずは、ナチュラル音声を聞いて内容を推測しましょう。
次に、ゆっくり音声でしっかり内容確認しましょう。

CNN REPORTER: Concentrated solar power is a renewable energy resource that's been around for decades to generate power, but with mixed success. Its primary disadvantage has always been the hours of the day the sun isn't shining.

Heliogen's process solves this problem by storing its heat and making green fuel like hydrogen that can be used to fuel electric-generating stations.

Aired on November 28, 2022

ワンポイント解説

□4～5行目のthe hours of the day とthe sun isn't shiningの間には、関係副詞whenが省略されていると考えられる。限定用法の関係副詞は常に省略できる。
□7～8行目の...that can be used to fuel electric-generating station.という文のbe used toは、「～に慣れている」という意味のイディオムのようにも見えるが、その場合は目的語に名詞または動名詞を取る。ここではtoの後に動詞fuelが来ているので、「～するのに用いられる」という単なる受け身形。

重要ボキャブラリー

□**resource** [ríːsɔ̀ːrs | rízɔ̀ːrs] 資源、天然資源
□**generate** [dʒénərèit] ～を発生させる、生み出す
□**disadvantage** [dìsədvǽntidʒ] 不都合な点、弱点
□**shine** [ʃáin] 光る、輝く
□**electric-generating station** [iléktrik] 発電所

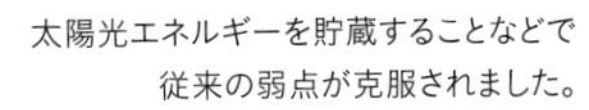

〈ニュースの本文 2/2〉

太陽光エネルギーを貯蔵することなどで
従来の弱点が克服されました。

CNNレポーター： 集光型太陽光発電は、発電のための再利用可能なエネルギー源として数十年前から存在していますが、そこには成功もあれば失敗もありました。その一番の弱点は、常に、1日の中の日が照っていない時間帯でした。

ヘリオジェン社の作業工程がその問題を解決したのです。熱を貯蔵し、水素のような環境に優しい燃料を作り出し、それが発電所への燃料供給に利用されうるようにすることによって。

（2022年11月28日放送）（訳：谷岡美佐子）

語注

resource:
資源、天然資源
(be) around:
存続する、生き延びる
decade:
10年、10年間
generate:
～を発生させる、生み出す
mixed success:
失敗と成功の繰り返し、ある程度の成功
primary:
第一の、主要な
disadvantage:
不都合な点、弱点
hours of the day:
1日の中の時間帯
shine:
光る、輝く
solve a problem:
問題を解く、解決する
fuel:
燃料；～に燃料を供給する
electric-generating station:
発電所

News 09 ナチュラル音声[1回目] Track 58 ゆっくり音声[ポーズなし] Track 60 ナチュラル音声[2回目] Track 97

アメリカ英語です。まずは、ナチュラル音声を聞いて内容を推測しましょう。
次に、ページをめくって、ゆっくり音声（ポーズ入り）でしっかり内容確認しましょう。

U.S.-Chinese Relations and Taiwan

〈Introduction〉

CNN REPORTER 1: While the U.S. has adopted a so-called One China Policy, it has never recognized the Communist Party's sovereign claim over Taiwan. Washington continues to sell weapons to Taipei, but it has remained deliberately unclear about whether it would come to Taiwan's defense in the event of a Chinese invasion.

ニュースのミニ知識

2022年11月14日、米国のバイデン大統領と中国の習近平国家主席による初の対面での首脳会談がインドネシアで実現した。両国間の対話の継続については合意に達したものの、台湾問題をめぐる議論は平行線をたどった。同年8月には米下院議長（当時）のペロシ氏が台湾を訪れ蔡英文総統と会談したことで、中国は激しく非難。その後、台湾周辺で大規模な軍事演習を行い、台湾海峡の緊張が高まった。今後、台湾情勢をめぐる米中の動向は世界情勢をも揺るがしかねない。

重要ボキャブラリー

□ **relations** [riléiʃənz]	（団体間などの）関係、交渉
□ **adopt** [ədápt | ədɔ́pt]	～を採択する、選び取る
□ **communist party** [kámjənist | kɔ́-]	共産党
□ **sovereign** [sávrən | sɔ́vrin]	主権のある、統治者としての
□ **invasion** [invéiʒən]	侵攻、侵略

ロシアのウクライナ侵攻とともに
台湾を挟んでの米中関係が注視されています。

高まる台湾有事の可能性と米中関係

〈イントロダクション〉

CNNレポーター1： 米国はいわゆる「一つの中国」政策を採択してきましたが、台湾の主権を持つとする中国共産党の主張を承認したことは一度もありません。米国政府は台湾政府への武器の輸出を続けていますが、もしも中国の侵攻があった場合に台湾の防衛に駆け付けるのかどうかは、あえてはっきりさせないままにしています。

語注

relations:
（団体間などの）関係、交渉
while:
〜だが、〜とはいえ
adopt:
〜を採択する、選び取る
so-called:
いわゆる、世間で言うところの
One China Policy:
「一つの中国」政策
▶中国と台湾は不可分であるとする政策。
recognize:
〜を認める、承認する
communist party:
共産党
sovereign:
主権のある、統治者としての
claim:
主張、言い分
Washington:
（米国の首都の）ワシントン、米国政府
continue to *do*:
〜し続ける
weapon:
武器、兵器
Taipei:
台北、台湾政府
remain:
依然として〜のままである
deliberately:
故意に、意図的に
unclear:
はっきりしない
in the event of:
もしも〜の場合には
invasion:
侵攻、侵略

区切り聞き／シャドーイング

ゆっくり音声［ポーズ入り］ Track 59

ゆっくり音声の適切な個所にポーズ（無言の間）が入れてあります。区切り聞きしてみましょう。
また、ポーズのところで、直前に聞き取った英語を自分で声に出すシャドーイング練習をしてみましょう。
自信がついたら、ポーズなしのゆっくり音声で、さらにはナチュラル音声でも練習してみてください。

While the U.S. has adopted a so-called One China Policy, /
it has never recognized /
the Communist Party's sovereign claim over Taiwan. //
Washington continues to sell weapons to Taipei, /
but it has remained deliberately unclear /
about whether it would come to Taiwan's defense /
in the event of a Chinese invasion. //

ワンポイント解説

□1行目に出てくる動詞adoptは「いくつかある選択肢の中から～を選び取る」というニュアンスを持ち、選んだものに対して絶対的な価値を置くわけではない。一方、3行目に出てくる動詞recognizeは「～を承認する」ということで、外交においては比較的強い意味を持つ（一度承認したことは簡単に覆せない）。
□5行目のWashington やTaipeiのように、ニュースなどでは、その国・地域の首都名をその国・地域の政府の意味に用いることが少なくない。

Let's Try to Answer! ［解答例はp.96］

Do you think the U.S. will defend Taiwan if China invades the island?

[Your Answer]

[反訳] 日→英サイトトランスレーション

ポーズのところで区切った日本語訳です。区切り聞きした英語の意味を確認するほか、日本語を見て区切られた部分ごとに英語に言い換える「反訳」の練習（日→英サイトトランスレーション）を行えば発信型の英語力がアップします。

米国はいわゆる「一つの中国」政策を採択してきたが /

米国が承認したことは一度もない /

台湾の主権を持つとする中国共産党の主張を。//

米国政府は台湾政府への武器の輸出を続けている /

だが、米国政府はあえてはっきりさせないままにしている /

台湾の防衛に駆け付けるかどうかは /

もしも中国の侵攻があった場合に。//

次ページからはニュースの本文です。まず下の写真でイメージを描いておきましょう。

米国のバイデン大統領は、中国と新たな冷戦を始めるつもりはないが引き下がるつもりもない、と明言（左）。台湾の選手団は、オリンピックで自国の国旗を掲げることすらできません（右）。

〈Body 1/2〉 ナチュラル音声［1回目］Track 61 ゆっくり音声 Track 63 ナチュラル音声［2回目］Track 98

ニュースの本文です。まずは、ナチュラル音声を聞いて内容を推測しましょう。
次に、ゆっくり音声でしっかり内容確認しましょう。

CNN REPORTER 1: It's impossible to overstate just how important Taiwan is to the ruling Communist Party and its legitimacy. China sees the self-ruled island as a breakaway province that must be reunified with the mainland, even by force if necessary.

ワンポイント解説

□1〜3行目のIt's impossible to overstate... and its legitimacy.という文のItは仮主語で、意味上の主語はto overstate以下。すなわち、「〜を大げさに言うことは不可能である」というのが文意となり、「〜について言いすぎになることはありえない」というニュアンスが見えてくる。

重要ボキャブラリー

□ **overstate** [òuvərstéit] 〜を大げさに言う、誇張して述べる
□ **legitimacy** [lidʒítəməsi] 合法性、正当性
□ **province** [právins|prɔ́-] 州、省
□ **reunify** [ri:jú:nifài] 〜を再統一する、再統合する
□ **mainland** [méinlænd|-lʌ̀nd] 本土、大陸

〈ニュースの本文 1/2〉

中国共産党にとって
台湾の再統合は至上命題です。

CNN レポーター1： 中国共産党の統治とその正当性にとって台湾がいかに重要かは、強調してもしすぎることはないでしょう。中国は、自治が行われているこの島を離脱した省だと見なしており、必要なら武力によってでも本土に再統合する必要があると考えています。

語注

impossible:
不可能な、できない
overstate:
～を大げさに言う、誇張して述べる
ruling:
支配している、権力の座にある

legitimacy:
合法性、正当性
see A as B:
AをBだと見なす、考える
self-ruled:
自治の、自治区の
island:
島、孤立した地域

breakaway:
離脱した、分離した
province:
州、省
reunify:
～を再統一する、再統合する

mainland:
本土、大陸
by force:
力ずくで、武力で
if necessary:
必要なら、必要な場合は

〈Body 2/2〉 Track ナチュラル音声［1回目］62 Track ゆっくり音声 64 Track ナチュラル音声［2回目］99

ニュースの本文です。まずは、ナチュラル音声を聞いて内容を推測しましょう。
次に、ゆっくり音声でしっかり内容確認しましょう。

CNN REPORTER 2: In 2020, Tsai won a landslide re-election, vowing to defend Taiwan's democracy from Xi's increasingly powerful and authoritarian China. Cross-strait ties plunging to their lowest level in decades.

China's refusal to condemn the Russian invasion of Ukraine has many here asking, what is Beijing planning for Taiwan. Testing the island's defenses, flying scores of warplanes near the island, making President Xi's long-standing calls for peaceful reunification ring hollow.

Aired on November 15, 2022

ワンポイント解説

□2～4行目のvowing to... authoritarian Chinaは分詞構文。and she was vowing to...などと書き換えることができる。この文に続くCross-strait ties plunging to their lowest level in decades.も、現在分詞を用いているのにbe動詞がないことから、独立分詞構文のような述べ方になっている。
□7行目のhas many here asking...のhasは、助動詞ではなく使役動詞。「have＋目的語＋現在分詞」の形で、「目的語に～をさせている」ということを表す。

重要ボキャブラリー

□ **authoritarian** [əθɔ̀rətériən] 権威主義的な、独裁主義の
□ **refusal** [rifjú:zəl] 拒否、拒絶
□ **condemn** [kəndém] ～を非難する、糾弾する
□ **peaceful reunification** [rì:jù:nifikéiʃən] 平和的統一
□ **ring hollow** [hɑ́lou | hɔ̀ləu] むなしく響く、空々しく聞こえる

〈ニュースの本文 2/2〉

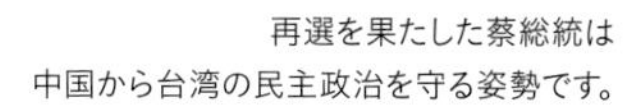

再選を果たした蔡総統は
中国から台湾の民主政治を守る姿勢です。

CNN レポーター2： 2020年に蔡総統は圧倒的勝利で再選を果たしましたが、習体制下で強大化と独裁性をますます強める中国から台湾の民主政治を守る、という公約を掲げていました。両岸関係は、ここ数十年来で最も低い水準にまで冷え込んでいます。

ロシアのウクライナ侵攻を非難することを中国が拒否したことで、多くの人々は、中国政府は台湾に対して何を企んでいるのだろうか、と疑念を抱いています。この島の防衛力を試したり、この島の周辺でたくさんの戦闘機を飛ばしたりして、平和的統一を求める習主席の長年にわたる呼びかけをむなしく響かせている中で。

(2022年11月15日放送)(訳：谷岡美佐子)

語注

Tsai:
蔡 ▶台湾の総統、蔡英文のこと。
landslide:
地すべり的な、圧倒的な
re-election:
再選、改選
vow to *do*:
～することを誓う、公約する
Xi:
習 ▶中国の国家主席、習近平のこと。
authoritarian:
権威主義的な、独裁主義の
cross-strait:
海峡の両岸の、中国・台湾間の
ties:
結びつき、関係性
plunge:
急に下がる、急落する
refusal:
拒否、拒絶
condemn:
～を非難する、糾弾する
Beijing:
北京、中国政府
scores of:
多数の、たくさんの
warplane:
戦闘機、軍用機
long-standing:
長年にわたる、積年の
peaceful reunification:
平和的統一
ring hollow:
むなしく響く、空々しく聞こえる

News 09

アメリカ英語です。まずは、ナチュラル音声を聞いて内容を推測しましょう。
次に、ページをめくって、ゆっくり音声（ポーズ入り）でしっかり内容確認しましょう。

Battery-Powered Shoes to Walk Faster

〈Introduction〉

CNN REPORTER: These are not roller skates. They are Moonwalkers designed by Shift Robotics, a start-up out of the robotics lab at Carnegie Mellon University.

The company says these battery-powered shoes can boost walking speeds up to seven miles an hour.

ニュースのミニ知識

米ペンシルベニア州のロボットエンジニアリングメーカー、シフトロボティックス社が、バッテリーで動く「世界最速の靴」を発表した。創業者兼CEOのジャン氏は、人がもっと速く歩けるよう歩行機能を強化したいという考えのもと、このハイテクの靴を開発。今なお人間が歩いて移動する必要がありながら、完全にはオートメーション化されていない配送センターや倉庫などで、この技術が役立つと考えている。同社はいずれ価格を下げて提供することも視野に入れている。

重要ボキャブラリー

- □ **battery-powered** [bǽtəri páuərd] 電池式の、バッテリー駆動式の
- □ **design** [dizáin] ～を考案する、設計する
- □ **robotics** [roubátiks | rəubɔ́-] ロボット学、ロボット工学
- □ **start-up** [stá:rtʌ̀p] 新興企業、スタートアップ
- □ **lab** [lǽb] =laboratory 研究所、実験室

テクノロジーによる進化は
ついに足下にも及んできています。

バッテリー駆動式シューズが歩行速度を爆上げ

〈イントロダクション〉

CNNレポーター： これはローラースケート靴ではありません。これは「ムーンウォーカーズ」というもので、考案したのはシフトロボティックス社、すなわちカーネギーメロン大学のロボット工学研究所から生まれたスタートアップ企業です。

同社によれば、バッテリー駆動式のこのシューズは、歩行速度を時速7マイル（約11キロメートル）まで上げることができます。

語注

battery-powered:
電池式の、バッテリー駆動式の
roller skates:
ローラースケート靴
design:
～を考案する、設計する
robotics:
ロボット学、ロボット工学

start-up:
新興企業、スタートアップ
out of:
～から生まれて、～の出で
lab:
＝laboratory 研究所、実験室

Carnegie Mellon University:
カーネギーメロン大学 ▶ペンシルベニア州ピッツバーグにある私立大学。テクノロジーの分野で世界的に知られている。
boost:
～を引き上げる、上昇させる

walking speed:
歩行速度、歩くスピード
up to:
最大で～まで、～に至るまで
mile:
マイル ▶距離の単位。1マイルは約1.6キロメートル。

区切り聞き／シャドーイング

ゆっくり音声［ポーズ入り］ Track 66

ゆっくり音声の適切な個所にポーズ（無言の間）が入れてあります。区切り聞きしてみましょう。
また、ポーズのところで、直前に聞き取った英語を自分で声に出すシャドーイング練習をしてみましょう。
自信がついたら、ポーズなしのゆっくり音声で、さらにはナチュラル音声でも練習してみてください。

These are not roller skates. //
They are Moonwalkers /
designed by Shift Robotics, /
a start-up out of the robotics lab at Carnegie Mellon University. //
The company says /
these battery-powered shoes can boost walking speeds /
up to seven miles an hour. //

ワンポイント解説

□1行目のroller skatesや2行目のMoonwalkersが複数形になっているのは、通常は左右のペアで1組として用いられるため（shoesの複数形と同様）で、be動詞がareとなっていることからも分かるように、たとえ1組でも複数扱いになる。一方、roboticsのような学問の名前（他にもmathematics、ethicsなどたくさんある）は、末尾に-sが付いていても単数扱いになる。
□2行目のMoonwalkers と3行目のdesigned by Shift Roboticsの間に、which/that areを補って考えると分かりやすい。

Let's Try to Answer! ［解答例はp.97］

Would you like to give Moonwalkers a try?

[Your Answer]

[反訳] 日→英サイトトランスレーション

ポーズのところで区切った日本語訳です。区切り聞きした英語の意味を確認するほか、日本語を見て区切られた部分ごとに英語に言い換える「反訳」の練習（日→英サイトトランスレーション）を行えば発信型の英語力がアップします。

これはローラースケート靴ではない。//

これは「ムーンウォーカーズ」だ /

考案したのはシフトロボティックス社 /

カーネギーメロン大学のロボット工学研究所から生まれたスタートアップ企業だ。//

同社によると /

このバッテリー駆動式のシューズは歩行速度を上げることができる /

最大で時速7マイルまで。//

次ページからはニュースの本文です。まず下の写真でイメージを描いておきましょう。

着脱可能なストラップで、「ムーンウォーカーズ」はどんな靴にもフィットします（左）。人間がもっと速く、効率的に歩けるようにしたいと話す、シフトロボティックス社のジャン氏（右）。

ニュースの本文です。まずは、ナチュラル音声を聞いて内容を推測しましょう。
次に、ゆっくり音声でしっかり内容確認しましょう。

CNN REPORTER: Using a machine learning algorithm, Shift Robotics says the shoes can adapt to a user's walking pattern in real time.

Moonwalkers can fit most shoes with flexible straps that can be easily taken on and off with magnetic buckles. With speed limitation tech and braking systems, the company claims the shoes are safe to use on sidewalks or in crowded areas.

ワンポイント解説

□1～2行目のUsing a machine learning algorithmは分詞構文。As they are using...などと言い換えることができる。なお、machine learning（機械学習）とは、コンピューターがデータから反復的に学習し、そこに潜むパターンを見つけ出すことを言う。

□8行目のuse on sidewalks or in crowded areasのように、sidewalkの場合はon、areaの場合はinと前置詞の使い分けが必要なことに注意。

重要ボキャブラリー

- □ **machine learning** [məʃíːn] 機械学習
- □ **adapt to** [ədǽpt] ～に適合する、順応する
- □ **magnetic** [mægnétik] 磁石の、マグネットの
- □ **speed limitation** [lìmitéiʃən] 速度限界、速度制限
- □ **braking system** [bréikiŋ] 制動装置、ブレーキ装置

〈ニュースの本文 1/2〉

「ムーンウォーカーズ」は、1.5時間の充電で、
約10キロ歩くことができます。

CNNレポーター： シフトロボティックス社によると、機械学習のアルゴリズムを用いているため、この靴は利用者の歩き方の癖にリアルタイムで順応できるようになっています。

「ムーンウォーカーズ」は、磁石の留め具で簡単に着脱できるしなやかなストラップによって、ほとんどの靴にフィットすることができます。速度を制限する技術とブレーキ装置が付いているため、この靴は歩道や混雑した場所でも安全に使えると、同社は主張しています。

語注

machine learning:
機械学習
algorithm:
演算法、アルゴリズム
adapt to:
～に適合する、順応する
fit:
～に合う、フィットする
most:
大抵の、ほとんどの
flexible:
曲げやすい、柔軟な
strap:
（細めの）ひも、ストラップ
take on and off:
～を着脱する、付けたり外したりする
magnetic:
磁石の、マグネットの
buckle:
留め具、バックル
speed limitation:
速度限界、速度制限
tech:
＝technology 科学技術、テクノロジー
braking system:
制動装置、ブレーキ装置
claim (that):
～であると主張する、断言する
be safe to *do*:
～しても安全である、安全に～できる
sidewalk:
（舗装した）歩道
crowded:
混み合った、混雑した

〈Body 2/2〉 ナチュラル音声 [1回目] Track 69 ゆっくり音声 Track 71 ナチュラル音声 [2回目] Track 102

ニュースの本文です。まずは、ナチュラル音声を聞いて内容を推測しましょう。
次に、ゆっくり音声でしっかり内容確認しましょう。

CNN REPORTER: Shift Robotics also claims that users can walk over six miles after a single charge of an hour and a half.

The company says it will deliver the first batch of shoes to consumers in March 2023 at nearly 1,400 dollars.

Aired on November 7, 2022

ワンポイント解説

□2行目のa single chargeのaとsingleは、どちらも「1つの」という意味なので重複しているようにも思える。しかし、aは冠詞、singleは形容詞であるから、singleがあればaが不要ということにはならない。
□5〜6行目のnearly 1,400 dollarsのnearlyは「ほぼ〜、〜近く」などとも訳されることがあるが、「もう少しで〜、〜にちょっと届かない」くらいの近さのニュアンスがあるので、ここでは「1,400ドルを少し切るくらいの値段」という意味と考えられる。

重要ボキャブラリー

□ **single** [síŋgl] たった1つの、1回の
□ **charge** [tʃɑːrdʒ] 充電、チャージ
□ **deliver** [dilívər] 〜を届ける、供給する
□ **batch** [bǽtʃ] (製造などの)1回分、ロット
□ **consumer** [kənsúːmər|-sjúːmə] 消費者、購入者

〈ニュースの本文 2/2〉

人が軽やかに街を疾走する日が
近い将来、訪れるかもしれません。

CNNレポーター： シフトロボティックス社はまた、1時間半の充電を1回したら、利用者は6マイル（約10キロメートル）以上歩くことができるとも主張しています。

同社によると、この靴の初回製造分を、2023年3月に1,400ドル（約20万円）を少し切るくらいの価格で消費者に届ける予定なのだそうです。

（2022年11月7日放送）（訳：谷岡美佐子）

語注

user:
利用者、ユーザー
single:
たった1つの、1回の

charge:
充電、チャージ
deliver:
〜を届ける、供給する

batch:
（製造などの）1回分、ロット

consumer:
消費者、購入者
nearly:
ほぼ〜、〜近く

Let's Try to Answer! の回答例

[作成 Nadia McKechnie]

一例として参考にし、自分なりの意見をどう述べるかを考えてみましょう。

News 01 BTS Set to Serve in Military

Are you for or against Japan to have mandatory military service?

(日本が兵役を義務化することには賛成ですか、反対ですか)

キーワード **peaceful solution** (平和的解決) **conflict** (紛争、戦争) **in the future** (将来、今後) **be prepared for** (〜に備える、〜の準備をする)

👍 Although I think it is better to try to find peaceful solutions to every conflict, I think mandatory military service for both men and women might become necessary in the future. These days the world is getting increasingly dangerous. I think it would be good for young people in Japan to be prepared for any situation.

(どんな紛争に対しても平和的解決を探す努力をしたほうがよいとは思いますが、将来的には男女共に徴兵が必要になりそうな気がします。このところ、世界は徐々に危険になっています。日本の若者はあらゆる事態に備えておいたがよいでしょうね)

キーワード **conscription** (徴兵、徴兵制) **disrupt** (〜を崩壊させる) **the Japan Self-Defense Forces** (自衛隊) **armed forces** (軍、国軍)

👎 I'm against mandatory military service for Japan. Conscription into the military can seriously disrupt young people's lives. I understand that the Japan Self-Defense Forces play a role in national security, but I think joining the armed forces should be a personal choice.

(日本の兵役義務化には反対です。軍隊への徴兵は若者の人生をひどく台無しにしてしまう可能性があります。自衛隊が国防の役を担っていることは分かっていますが、入隊は個人の選択であるべきだと思います)

👍=賛成 👎=反対 =どちらでもない

News 02 Historic Layoffs Across the Tech Industry

What do you think about the layoffs?

（レイオフについてどう思いますか）

キーワード **sound**（～に聞こえる、～と思われる） **awful**（恐ろしい、ひどい）
affect（～に影響を与える） **severance package**（解雇手当）

It sounds hard for the workers. It must be awful to suddenly be told you are losing your job, especially when you haven`t done anything wrong. I hope all the workers affected were given severance packages and they are all able to find new jobs soon.

（働く人にとってレイオフはつらいでしょうね。突然、自分が失職する話をされたら恐ろしいに決まっています。特に、自分が何か悪いことをしたわけでもないとしたら。対象となった労働者全員に解雇手当を出してほしいですし、その人たち全員がすぐに新しい職を見つけられるといいなと思います）

キーワード **inform**（～に知らせる、通知する） **employee**（被雇用者、従業員）
seem（～に見える、～と思われる） **uncaring**（思いやりのない、冷淡な）

I was surprised that so many companies informed their employees by email. This seems really uncaring. Most of these workers had worked hard for their company and done nothing wrong. Even if they had to let some workers go, they should have informed them in a better way.

（かなり多くの会社が従業員への通知をメールで行ったことに驚きました。それってすごく冷たい感じがします。そうした従業員の大半は会社のために頑張って働いてきたのですし、何も悪いことはしていないのですから。たとえ従業員の一部を辞めさせないといけないにしても、もっとましな通知の仕方をすべきでした）

News 03 Ecotourism in Botswana

Would you like to visit the Chobe National Park? Why or why not?

（チョベ国立公園を訪れたいですか。その理由は何ですか）

キーワード **natural habitat**（自然生息地） **have an impact on**（〜に影響を与える）
environment（環境） **financial benefit**（経済的利益、金銭的な利益）

Yes, I'd love to go there. My hobby is photography, and this looks like a perfect place to take pictures of animals in their natural habitats. I think these kinds of tours, which have a low impact on the environment and also bring financial benefit to the local community, are a great idea.

（はい、すごく行きたいです。私の趣味は写真なのですが、自然生息地で動物たちの写真を撮るのに、そこは最適の場所のように思えます。この種のツアーは、環境に与える影響が少ない上に、地元社会へ経済的利益をもたらすので、とてもよいアイデアだと私は思います）

キーワード **eco-friendly**（環境に優しい） **sustainable**（持続可能な、環境保護的な）
greenwashing（見せかけだけの環境配慮） **harm**（〜に害を及ぼす）

I have read that a lot of tours advertised as eco-friendly are not actually very sustainable. There is a lot of greenwashing these days. However, this park looks amazing. As long as the tours don't harm the animals and help the local people, I think they are a good thing. I would like to go there.

（環境に優しいとうたわれているツアーの多くが実はあまり環境保護的ではない、と読んだことがあります。最近は見せかけだけの環境保護がたくさんありますね。でも、この公園は素晴らしそうです。ツアーが動物たちに害を及ぼすものでなく、地元の人の役に立つものである限り、ツアーはよいことでしょう。行きたいですね）

News 04 Virtual Real Estate in the Metaverse

Would you like to buy real estate in the Metaverse?

（メタバース内の不動産を買いたいですか）

キーワード **earning**（稼ぎ、もうけ） **resell**（～を転売する、再販売する）
property（不動産、土地・建物） **location**（位置、場所）

Yes, I would. I had never thought about it before but there seem to be several earning possibilities. For example, you can rent out or resell digital property in the Metaverse or use the Metaverse as a location to sell goods or services. I'd like to learn more about it.

（はい、買いたいです。これまでそんなことは考えたこともなかったのですが、いくつかの収益可能性がありそうです。たとえば、メタバース内のデジタルな土地・建物を貸し出したり転売したりできますし、物やサービスを売る場所としてメタバースを利用することもできます。メタバースについてもっと知りたいですね）

キーワード **risky**（危険な、危ない） **investment**（投資） **marketing**（売買、取引）
guess（～であると推測する、思う） **ordinary**（普通の、一般の）

Not really. The Metaverse is still very new. It seems like a bit of a risky investment. For people who own a business that needs an online location for marketing, I guess it would be a good idea. But for ordinary people like me I think it's probably safer to buy real estate in the real world.

（あまり買いたくないです。メタバースはまだ非常に新しいものですよね。ちょっと危険な投資に思えます。ネット上に取引場所が必要な会社を経営しているような人にとっては、それってよいアイデアなのでしょう。でも、私のような一般人にとっては、現実世界の不動産を買うほうが恐らく安全だと思います）

News 05 A Pup Frozen Amid Decoration Cats

How do you feel about Maverick being surrounded by the cats?

（猫に囲まれたマーベリックについて、どう思いますか）

キーワード **find *oneself***（気がつくと～状態だ） **get stuck in**（～で身動き取れなくなる） **get stuck in**（～で動きが取れなくなる） **fake**（偽の） **spider web**（クモの巣）

I feel quite sorry for the poor pup! It must have been a shock to suddenly find himself surrounded by big black cats! Seriously though, I've read that some Halloween decorations can be a danger to animals. For example, small animals can get stuck in fake spider webs. It's something to be aware of.

（とてもかわいそうなワンちゃんですよね！ 自分が大きな黒猫に囲まれているのに突然気づいたら、ショックだったに違いありませんよ！ でも、まじめな話、ハロウィーンの飾りの一部は動物にとって危険なものになることがあるというのを、読んだことがあります。たとえば、小さな動物が造り物のクモの巣で身動き取れなくなることもあります。そういうのは知っておくべきことですよね）

キーワード **cute**（かわいい） **go on**（起こる） **figure out**（～を理解する、把握する） **give...a cuddle**（…を抱きしめる） **treats**（おやつ） **scary**（恐ろしい、怖い）

That was such a cute video. I wonder what was going on in his mind. Did he think the cats were real? I guess it was his instinct to freeze while he was trying figure out what was happening. I hope his owner gave him a lot of cuddles and Halloween treats to make him feel better after his scary experience.

（とてもかわいい動画でした。この犬の心中で何が起こっていたのでしょうね。猫を本物だと思ったのでしょうか。私の推測では、何が起こっているのか把握しようとしている間にフリーズしてしまうのは、本能なのでしょう。怖い体験の後は飼い主からたくさん抱きしめてもらったりハロウィーンのおやつをもらったりして、気分が向上しているといいですね）

👍=賛成　👎=反対　=どちらでもない

News 06 NASA's Artemis Mission to the Moon

Do you think it is a good idea for humans to live on the moon? Why?

（月で生活するというのは人類にとってよいアイデアだと思いますか。その理由は？）

キーワード　**breathe**（～を呼吸する）　**survive**（生き延びる）　**incredibly**（ひどく、すごく）　**depend on**（～次第である）　**research**（研究、調査）　**benefit**（恩恵、利益）

It sounds like an exciting idea, but I wonder it would be worth the cost. On the moon there is no air to breathe, no water to drink and few resources. You would have to bring everything you need to survive from Earth. That would be incredibly expensive. I guess whether it's a good idea or not would depend on the research benefits.

（わくわくするアイデアのように思えますが、コストに見合うのかが疑問です。月面には吸える空気もなければ飲み水もないですし、資源もほとんどありません。生存に必要なものはすべて地球から持って行かないといけません。それはひどく高くつきますよね。よいアイデアか否かは、月面調査上のメリット次第じゃないかと思います）

キーワード　**explore**（～を探索する、調査する）　**set up**（～を設置する、建設する）　**cover**（～を埋め合わせる、まかなう）　**allow...to *do***（…が～するのを許す）

Yes, I do. I think it is only natural for humans to want to explore and learn about new places. I imagine there would be a lot of scientific benefits to setting up a research center on the moon. And even if it was expensive to build, the costs could be covered by allowing tourists to visit.

（そう思います。新しい場所を探査し、そこについて知りたいと思うのは、人類にとって自然なことにすぎないのではないでしょうか。月面に調査センターを設置することにはたくさんの科学上のメリットがありそうです。それに、たとえ建設費が高くついたとしても、ツアー客が訪問できるようにすることでそのコストはまかなえます）

News 07 Finland Builds Underground City

Do you think Japan should also build bunkers? Why?

(日本も地下シェルターを作るべきだと思いますか。その理由は?)

キーワード **given** (~を考慮すると) **proximity to** (~に近いこと、~への近接) **be under threat** (脅威にさらされている) **nuclear attack** (核攻撃)

I don't think it is necessary for Japan to build underground bunkers. I understand why Finland might want to do that given their proximity to Russia, but Japan isn't under threat in the same way. Also, in the event of a nuclear attack, I'm not sure the bunkers would be of much use.

(日本が地下シェルターを作る必要性はないと思います。ロシアと隣接していることを考慮するとフィンランドがなぜそうしたいと思ったのか理解できますが、日本は同様の脅威にさらされているわけではありません。それに、もし核攻撃があった場合にも地下シェルターがしっかり役立つのか、よく分からないですよね)

キーワード **to be honest** (率直に言うと) **climate change** (気候変動) **rather than** (~よりはむしろ) **guard against** (~から身を守る)

No. To be honest, I think climate change is a much bigger threat to us than nuclear war. Rather than building expensive underground bunkers to guard against the small threat of attack, I think it would be better to spend the money on projects to protect the environment such as green energy.

(いいえ。率直に言って、核戦争よりも気候変動のほうが、われわれにとってはるかに大きな脅威だと思います。攻撃という小さな脅威から身を守るために高価な地下シェルターを作るくらいなら、グリーンエネルギーなどの環境保護プロジェクトにそのお金を使ったほうがましでしょう)

👍 =賛成　👎 =反対　✋ =どちらでもない

News 08 A New Way to Harness the Sun's Energy

Are you interested in investing in companies like this? Why?

（こういう会社に投資することに興味がありますか。その理由は？）

キーワード　**face**（～に迫り来る、降りかかる）　**fossil fuel**（化石燃料）　**coal**（石炭）
by far（群を抜いて、圧倒的に）　**contributor to**（～への貢献者、～の一因）

👍 Yes. Climate change is the biggest threat facing any of us in this day and age. Fossil fuels, such as coal, oil and gas, are by far the greatest contributor to climate change. I think it's important to invest in clean energy companies like this to save the environment.

（はい。気候変動は、今日のこの時代における最大の脅威として、われわれ全員に降りかかっています。石炭、石油、ガスなどの化石燃料は圧倒的に最大の気候変動の要因です。この会社のようなクリーンエネルギー企業に投資することは、環境を守る上で重要だと思います）

キーワード　**in my opinion**（私の考えでは）　**responsible**（責任のある、責任を持った）
shape（～を形作る）　**replace A with B**（A を B に置き換える、交代させる）

👍 Yes, if I had money I would be interested in investing in this kind of company. In my opinion, responsible investing is important as it helps shape the world we live in. I'd like to support a company like this that is working to replace fossil fuels with renewable energy.

（ええ、もしお金があれば、この種の会社への投資に関心を持つでしょうね。私の考えでは、責任ある投資が重要なのです。それが、われわれの住むこの世界を形作る一助となっているのですから。私が支援したい企業は、この会社のように、化石燃料を再生可能エネルギーに置き換えることに取り組んでいる企業です）

News 09 U.S.-Chinese Relations and Taiwan

Do you think the U.S. will defend Taiwan if China invades the island?

（もし中国がこの島に侵攻したら、米国は台湾を守ると思いますか）

キーワード **sincerely**（心から、切実に） **obviously**（明白に、当然に）
strike back（反撃する、逆襲する） **predicament**（苦境、窮地）

I sincerely hope China doesn't invade Taiwan, but if they do so, I'm not sure that the U.S. would defend Taiwan. If the U.S. were to use their military power against China, China would obviously strike back hard. I think the U.S. would be in a serious predicament if China were to invade Taiwan.

（中国が台湾に侵攻しないことを心から願っていますが、もし侵攻がなされた場合、米国が台湾を守るという確信はありません。米国が中国に軍事力を行使しようとしたら、当然、中国も激しく反撃するでしょう。中国が台湾に侵攻しようとしたら、米国は難しい状況に陥るでしょうね）

キーワード **military action**（軍事行為、軍事行動） **impose**（～を課す、負わす）
trade sanction（貿易制裁） **weapon**（武器、兵器）

I'm not sure that the U.S. would defend Taiwan with military action but I'm sure they would support Taiwan in many other ways. For example, by imposing trade sanctions on China, or sending money and weapons to Taiwan to help them defend themselves against China.

（米国が軍事行動によって台湾を守るかどうかはよく分かりませんが、他のいろいろな方法による台湾への支援はきっとすると思います。たとえば中国に貿易制裁を課したり、お金や武器を台湾に送ったりすることで、台湾が中国から自分たちを守る手助けをするのです）

👍=賛成　👎=反対　✊=どちらでもない

News 10 Battery-Powered Shoes to Walk Faster

Would you like to give Moonwalkers a try?

(「ムーンウォーカーズ」を試してみたいですか)

キーワード　**definitely**(《間投詞として》もちろん、当然)　**get off**(～から降りる)
tiring(うんざりするような、疲れる)　**commute**(通学する、通勤する)

👍 Definitely. I really want a pair of these shoes. Every morning I have to walk about 20 minutes to the train station. Then, after I get off the train, it's another 15-minute walk to my college. It's very tiring! These shoes would save me a lot of time and energy when commuting!

(もちろんです。この靴、本当に欲しいですね。毎朝、私は電車の駅まで20分くらい歩かないといけないんです。さらに、電車を降りてから大学までまた15分も歩きです。すごく疲れますよ！　この靴は、通学時の時間もエネルギーも大幅に節約させてくれるでしょう)

キーワード　**lose *one's* balance**(バランスを崩す)　**trip**(つまずく)　**fall**(倒れる、転ぶ)
injure(～をけがさせる)　**crash into**(～と衝突する、～に激突する)

✊ I'm not sure. They look like they might be difficult to walk in. I worry that I might lose my balance when wearing them. Even if you are not going very fast you can hurt yourself badly if you trip and fall in the street. There is also the possibility of injuring others if you crash into them.

(迷います。この靴、履いて歩きにくそうですよね。これを履いていたらバランスを崩しそうで、心配になります。そんなに速く歩いているわけじゃなかったとしても、通りでつまずいて転んだら、大けがする可能性がありますね。また、他人に激突したら、その人をけがさせてしまう可能性もあります)

ボキャブラリー・チェック

重要ボキャブラリーや語注として取り上げたものをまとめてあります。訳語の後ろの数字は、その語いが出てくるニュースの番号を示しています（例：N01=News 01）。そのニュースの文脈を思い出しながら覚えると、語いのニュアンスや使い方も身につきます。

A

□ **able-bodied:** 身体的に健全な、健常者の　N01
□ **access to:** ～への接近、アクセス　N06
□ **according to:** ～によれば　N03
□ **accountability:** 責任、説明責任　N02
□ **across the country:** 国中に、全国に　N07
□ **adapt to:** ～に適合する、順応する　N10
□ **add:** ～を増やす、加える　N02
□ **adopt:** ～を採択する、選び取る　N09
□ **algorithm:** 演算法、アルゴリズム　N08, N10
□ **align:** ～を調整する、調節する　N08
□ **allow:** ～を許す、可能にする　N06
□ **amid:** ～に囲まれて、～の真ん中に　N05
□ **announcement:** 発表、告知　N01
□ **Apollo:** アポロ　N06
□ **apologize:** 謝罪する、わびる　N02
□ **approximately:** およそ～、約～　N03
□ **area:** 地域、場所　N06
□ **around:** およそ～、～あたり　N01
□ **Artemis:** アルテミス　N06
□ **artificial intelligence:** 人工知能　N08
□ **as to:** ～について、～に関して　N01
□ **astronaut:** （主に米国の）宇宙飛行士　N06
□ **at a ... clip:** …の速度で、ペースで　N02
□ **at length:** 長々と、詳細に　N01
□ **attraction:**（人を引き付ける）呼び物、観光名所　N03
□ **attractive:** 魅力的な、人を引きつける　N03
□ **authoritarian:** 権威主義的な、独裁主義の　N09

B

□ **ball game:** 球技　N07
□ **base:** 基地、拠点　N06
□ **basically:** 基本的に、元来　N04
□ **bask in:** ～の良い状況に浸る、～を満喫する　N03
□ **batch:** （製造などの）1回分、ロット　N10
□ **battery-powered:** 電池式の、バッテリー駆動式の　N10
□ **be around:** 存続する、生き延びる　N08
□ **be enough for:** ～にとって十分である、～に足りる　N07
□ **be home to:** ～の生息地である　N03
□ **be open to the public:** 一般に公開されている、一般公開中である　N07
□ **be reliant on:** ～に依存している、頼っている　N03
□ **be safe to *do*:** ～しても安全である、安全に～できる　N10
□ **be set to *do*:** ～することになっている、～することが決まっている　N01
□ **bedrock:** 岩盤、基盤岩　N07
□ **Beijing:** 北京、中国政府　N09
□ **below ground:** 地下に、地下へ　N07
□ **blast door:** 防爆扉、ブラストドア　N07
□ **body language:** 身体言語、ボディーランゲージ　N05
□ **boost:** ～を引き上げる、上昇させる　N03, N10
□ **borders:** 領域、領土　N03
□ **braking system:** 制動装置、ブレーキ装置　N10
□ **brand:** 銘柄、ブランド　N04
□ **break a spell:** 魔法の呪文を解く、呪縛を解く　N05
□ **breakaway:** 離脱した、分離した　N09
□ **breed:** ～を繁殖させる、繁殖のために飼育する　N05
□ **broken:** 壊れた、故障した　N05
□ **buckle:** 留め具、バックル　N10
□ **build:** ～を建設する、築く；建造する、造る　N04, N06, N07
□ **bunker:** （堅固な）地下壕、地下シェルター　N07
□ **business:** 事業、産業　N03
□ **by force:** 力ずくで、武力で　N09
□ **by the name of:** ～という名前の　N05

C

□ **carbon emissions:** 炭素排出量　N03
□ **Carnegie Mellon University:** カーネギーメロン大学　N10

☐ **carry out:** ～を実行する、やり遂げる　N01
☐ **carry A to B:** AをBに運ぶ、Bまで連れて行く　N06
☐ **catatonic:** 緊張病の、硬直した　N05
☐ **Celsius:** (温度の単位が) セ氏の　N08
☐ **CEO:** = chief executive officer 最高経営責任者　N02, N04
☐ **certainly:** 確実に、間違いなく　N01
☐ **charge:** 充電、チャージ　N10
☐ **cite:** ～を引用する、引き合いに出す　N02
☐ **citizen:** 市民 、住民　N04
☐ **claim:** 主張、言い分　N09
☐ **claim that:** ～であると主張する、断言する　N10
☐ **comment:** ～だと論評する、コメントする　N05
☐ **commercial:** 商業の、民間の　N06
☐ **communist party:** 共産党　N09
☐ **complex:** 複雑な、複合的な　N08
☐ **computing power:** 演算能力、計算能力　N08
☐ **concentrated solar power:** 集光型太陽光発電、集光型太陽熱発電　N08
☐ **concentrated sunlight:** 集中太陽光、高濃度太陽光　N08
☐ **concrete:** コンクリート　N08
☐ **condemn:** ～を非難する、糾弾する　N09
☐ **conscription:** 徴兵、徴兵制度　N01
☐ **consumer:** 消費者、購入者　N10
☐ **container:** 容器、コンテナ　N08
☐ **continually:** 継続的に、頻繁に　N06
☐ **continue to *do*:** ～し続ける　N09
☐ **cost:** 費用、経費；犠牲、代償　N03, N07
☐ **crack up:** 爆笑する、ゲラゲラ笑い出す　N05
☐ **cross-strait:** 海峡の両岸の、中国・台湾間の　N09
☐ **crowded:** 混み合った、混雑した　N10
☐ **crowdsourced:** クラウドソーシングの、クラウドソースによる　N02
☐ **cut:** ～を削減する、切る　N02
☐ **cut back on:** ～を減らす、削減する　N03
☐ **cut into:** ～への切り込み、食い込み　N07

D

☐ **damage:** ～に損害を与える、～を傷つける　N03
☐ **date:** 日付、期日　N01
☐ **debate:** ～について議論する、討論する　N01
☐ **decade:** 10年、10年間　N08
☐ **decide:** ～を決定する、決着させる　N01
☐ **decontamination:** (放射能などの) 汚染除去、除染　N07
☐ **decoration:** 装飾、飾りつけ　N05
☐ **decorative:** 装飾の、飾りの　N05
☐ **deliberately:** 故意に、意図的に　N09
☐ **deliver:** ～を届ける、供給する　N10
☐ **delta:** (河口の) 三角州、デルタ地帯　N03
☐ **department:** (政府の) 局、部　N07
☐ **desert:** 砂漠　N08
☐ **design:** ～を考案する、設計する　N10
☐ **destination:** 目的地、行き先　N03
☐ **diesel:** ＝diesel fuelディーゼル燃料、軽油　N03
☐ **digital world:** デジタル世界　N04
☐ **direct:** ～に道を教える、行き先を指示する　N08
☐ **disadvantage:** 不都合な点、弱点　N08
☐ **dozen:** 12個、1ダース　N04
☐ **drastically:** 大幅に、劇的に　N03
☐ **dual-use:** 二重用途の、軍民両用の　N07
☐ **dude:** (親しみを込めた呼びかけで)おまえ、おい　N05

E

☐ **economist:** 経済専門家、エコノミスト　N02
☐ **ecosystem:** 生態系、エコシステム　N03
☐ **ecotourism:** エコツーリズム　N03
☐ **electric vehicle:** 電気自動車　N03
☐ **electric-generating station:** 発電所　N08
☐ **electric-powered:** 電気で動く、電動の　N03
☐ **end:** ～を終わらせる、～に終止符を打つ　N01
☐ **environment:** 環境、情勢　N02
☐ **environmental:** 環境の、環境保護に関する　N03
☐ **establish:** ～を設立する、開設する　N06
☐ **exempt:**(義務などから)～を免除する、除外する　N01
☐ **experience:** ～を経験する、体験する　N04
☐ **experimentation:** 実験 、実験法　N06
☐ **extremely:** 極めて、非常に　N08

F

☐ **fan:** 熱狂的な支持者、ファン　N01
☐ **feet:** フィート　N07
☐ **first of all:** まず第一に、まず最初に　N02
☐ **fit:** ～に合う、フィットする　N10
☐ **flexible:** 曲げやすい、柔軟な　N10

□ **for years to come:** この先何年も、今後何年も　N06
□ **forge:** ～を築く、構築する　N03
□ **founder:** 創設者、創業者　N02
□ **freeze:** ～を凍りつかせる、動けなくする　N05
□ **front yard:** (家の) 前庭　N05
□ **fuel:** 燃料; ～に燃料を供給する　N08
□ **future:** 未来の、将来の　N06

G

□ **gallon:** ガロン　N03
□ **game reserve:** 動物保護区、禁猟区　N03
□ **gas barrier:** ガス障壁、ガスバリア　N07
□ **generate:** ～を発生させる、生み出す　N08
□ **giant:** 巨大企業、大手企業　N02
□ **go ahead:** 先へ進む、前進する　N01
□ **go and do:** ～しに行く、行って～する　N01
□ **go back to:** ～に戻る、再び行く　N06
□ **government:** 政府、行政　N07
□ **green:** 環境に優しい、無公害の　N08

H

□ **Halloween:** ハロウィーン　N05
□ **hard reset:** (リセットボタンなどによる) 機械的な再起動、ハードリセット　N05
□ **harness:** (自然力などを) 役立てる、利用する　N08
□ **have control over:** ～を制御する、コントロールする　N05
□ **health:** 健全性、安定　N03
□ **healthy:** 健全な、堅実な　N02
□ **heat:** 熱、熱源　N08
□ **height:** 高さ、高み　N06
□ **Helsinki:** ヘルシンキ　N07
□ **historic:** 歴史的な、歴史に残る　N02
□ **home:** 住宅、家; 中心地、本拠地　N06, N08
□ **hope that:** ～であることを望む、期待する　N06
□ **hours of the day:** 1日の中の時間帯　N08
□ **huge:** 巨大な、莫大な　N03
□ **human:** ヒト、人間　N06
□ **humanity:** (集合的に) 人類、人間　N06
□ **hundreds of:** 数百の、何百もの　N04
□ **hydrogen:** 水素　N08

I

□ **if necessary:** 必要なら、必要な場合は　N09
□ **impact:** ～に影響を与える　N02
□ **impossible:** 不可能な、できない　N09
□ **in case of:** もし～の場合、～の場合に備えて　N07
□ **in existence:** 既存の、存在している　N04
□ **in mind:** ～を考慮して、念頭に置いて　N07
□ **in *one's* tracks:** その場で、突然　N05
□ **in the event of:** もしも～の場合には　N09
□ **income:** 収益、収入　N03
□ **increasing:** 増加中の、増えている　N03
□ **industry:** 産業、業界　N02, N03
□ **instead:** その代わりに、それよりも　N04, N08
□ **instinct:** 本能、直感　N05
□ **invasion:** 侵攻、侵略　N09
□ **invisible:** 目に見えない、不可視の　N03
□ **irrelevant:** 的外れの、見当違いの　N04
□ **island:** 島、孤立した地域　N09

J

□ **jewel:** 貴重なもの、宝のようなもの　N03
□ **job:** 仕事、職　N02
□ **joke that:** ～だと冗談を言う　N05

K

□ **kennel:** 犬小屋、犬舎　N05

L

□ **lab:** ＝laboratory 研究所、実験室　N10
□ **Lab:** ＝Labrador Retriever ラブラドールレトリバー　N05
□ **label:** (レコード会社の) レーベル　N01
□ **labor market:** 労働市場　N02
□ **land boom:** 土地ブーム　N04
□ **lander:** (月面などへの) 着陸船　N06
□ **landlocked:** 内陸の、海に接していない　N03
□ **landslide:** 地すべり的な、圧倒的な　N09
□ **language:** 言葉、言語　N04
□ **launch:** (ロケットなどの) 打ち上げ、発射　N06
□ **lay off:** ～を一時解雇する、レイオフする　N02
□ **layoff:** 一時解雇、レイオフ　N02
□ **legitimacy:** 合法性、正当性　N09
□ **lock up:** 動かなくなる、停止する　N05
□ **long-standing:** 長年にわたる、積年の　N09
□ **look forward to:** ～を楽しみに待つ、心待ちにする　N01

□ **lose:** ～を失う、減らす　N02
□ **lunar:** 月の、月探査の　N06

M

□ **machine learning:** 機械学習　N10
□ **macroeconomic:** マクロ経済の　N02
□ **magnetic:** 磁石の、マグネットの　N10
□ **mainland:** 本土、大陸　N09
□ **maintain:** ～を持続する、維持する　N03
□ **majority:** 大部分、過半数　N03
□ **make...happen:** …を生じさせる、実現させる　N06
□ **manage to *do*:** どうにかして～する、～を何とか成し遂げる　N05
□ **mandatory:** 義務的な、強制の　N01
□ **medium:** 伝達手段、メディア　N05
□ **Metaverse:** メタバース　N04
□ **mile:** マイル　N10
□ **military:** 軍隊、軍　N01
□ **military service:** 兵役　N01
□ **million:** 100万　N07
□ **mirror:** 鏡、反射鏡　N08
□ **mission:** （宇宙船の）飛行任務、ミッション　N06
□ **mixed success:** 失敗と成功の繰り返し、ある程度の成功　N08
□ **months of:** 何カ月もの、数カ月に及ぶ　N01
□ **more than:** ～を上回った、～以上の　N04
□ **most:** 大抵の、ほとんどの　N10
□ **my goodness:** （驚きなどを表して）おやまあ、なんてことだ　N07

N

□ **NASA:** ＝National Aeronautics and Space Administration 米国航空宇宙局　N06
□ **national park:** 国立公園　N03
□ **native:** ～生まれの人、～ネイティブ　N04
□ **nearly:** ほぼ～、～近く　N03, N10
□ **needs:** 必要なもの、要求するもの　N01
□ **neighbor:** 隣の、近くの　N03
□ **nervous:** 緊張している、不安な　N02
□ **network:** 網状組織、ネットワーク　N07
□ **noise pollution:** 騒音公害　N03

O

□ **offset:** ～を埋め合わせる、相殺(そうさい)する　N07
□ **on top of:** ～の上で、～に載せて　N06
□ **One China Policy:** 「一つの中国」政策　N09
□ **only after:** ～の後に初めて、～してからようやく　N05
□ **onto:** ～上に、～の方に向けて　N08
□ **orbit:** ～の軌道を回る、～を周回する　N06
□ **otherwise:** そうしないと、さもなければ　N04
□ **out of:** ～から生まれて、～の出で　N10
□ **overstate:** ～を大げさに言う、誇張して述べる　N09
□ **own:** ～を所有する、所持する　N04
□ **owner:** 所有者、オーナー；飼い主　N02, N05
□ **owner's manual:** 取扱説明書、オーナーズマニュアル　N05

P

□ **paralysis:** まひ状態、動きが停止した状態　N05
□ **parking garage:** 立体駐車場、屋内駐車場　N07
□ **parliament:** 議会、国会　N01
□ **part of:** ～の一部、部分　N07
□ **partner:** 協力者、提携企業　N06
□ **passionate:** 熱烈な、情熱的な　N01
□ **path:** 道筋、方向　N03
□ **pause:** ～を一時停止させる、止める　N05
□ **peaceful reunification:** 平和的統一　N09
□ **permanent:** 永続的な、永久的な　N03, N06
□ **phase:** 段階、局面　N06
□ **platform:** プラットフォーム　N04
□ **play area:** 遊び場、キッズコーナー　N07
□ **plot:** （土地などの）区画、図面　N04
□ **plunge:** 急に下がる、急落する　N09
□ **point:** （猟犬が獲物を）指し示す　N05
□ **point out that:** ～であると指摘する　N05
□ **Pointer:** ポインター　N05
□ **pollution:** 汚染、公害　N03
□ **population:**（ある地域における）個体数；住民数、人口　N03, N07
□ **possibly:** もしかすると、ことによると　N07
□ **potentially:** 潜在的に、もしかすると　N07
□ **power:** ～に電力を供給する、動力を供給する　N08
□ **powerful:** 強力な、パワーのある　N06
□ **prepare A for B:** AにBの準備をさせる、用意をさせる　N06
□ **pretty:** かなり、相当　N02

☐ **primary:** 第一の、主要な　N08
☐ **produce:** 〜を作り出す、生産する　N08
☐ **property:** 不動産、土地・建物　N03, N04
☐ **province:** 州、省　N09
☐ **pup:** ＝puppy 子犬　N05
☐ **purpose:** 目的、狙い　N07
☐ **put A at B:** AをBと見なす、見積もる　N02

Q

☐ **question:** 質問、問題　N07
☐ **quickly:** 急速に、速く　N02
☐ **quote:** 引用する、引用を始める　N01

R

☐ **rapid:** 急速な、迅速な　N02
☐ **real estate:** 不動産、土地　N04
☐ **recognize:** 〜を認める、承認する　N09
☐ **reconvene:** 再招集される、再び集まる　N01
☐ **reduce:** 〜を減らす、減少させる　N03
☐ **re-election:** 再選、改選　N09
☐ **refer to:** 〜を参照する、参考にする　N05
☐ **refinery tower:** 精製塔、精製装置　N08
☐ **reflect:** 〜を反射する　N08
☐ **refusal:** 拒否、拒絶　N09
☐ **region:** 地域、地帯　N03
☐ **relations:** (団体間などの) 関係、交渉　N09
☐ **remain:** 依然として〜のままである　N09
☐ **rendezvous with:** (宇宙船などが) 〜と互いに調整して会う、ランデブーする　N06
☐ **renewable energy:** 再生可能エネルギー、自然エネルギー　N08
☐ **rent out:** 〜を貸し出す、賃貸する　N04
☐ **rescue:** 救助、救援　N07
☐ **research institute:** 研究所、リサーチ・インスティテュート　N02
☐ **resource:** 資源、天然資源　N08
☐ **respect:** 〜に配慮する、〜を尊重する　N01
☐ **reunify:** 〜を再統一する、再統合する　N09
☐ **reusable:** 再利用可能な、再使用できる　N06
☐ **ring hollow:** むなしく響く、空々しく聞こえる　N09
☐ **risk:** 危険性、恐れ　N04
☐ **robotics:** ロボット学、ロボット工学　N10
☐ **rocket:** ロケット　N06
☐ **roller skates:** ローラースケート靴　N10
☐ **ruling:** 支配している、権力の座にある　N09

S

☐ **scale:** 規模、スケール　N07
☐ **scared:** おびえた、怖がった　N05
☐ **scientific:** 科学の、科学的な　N06
☐ **scores of:** 多数の、たくさんの　N09
☐ **see A as B:** AをBだと見なす、考える　N09
☐ **self-ruled:** 自治の、自治区の　N09
☐ **sell for:** 〜の価格で販売する　N04
☐ **send A to B:** AをBに送り込む、派遣する　N06
☐ **separate A from B:** BからAを切り離す、BとAを区別する　N08
☐ **serve:** 奉仕する、務めを果たす　N01
☐ **shed:** 〜を (余分なものとして) 削減する、解雇する　N02
☐ **shine:** 光る、輝く　N08
☐ **sidewalk:** (舗装した) 歩道　N10
☐ **since:** 〜以来、〜からずっと　N07
☐ **single:** たった1つの、1回の　N10
☐ **slash:** 〜をさっと切る、大胆に削減する　N02
☐ **so far:** これまで、今までのところ　N02
☐ **so-called:** いわゆる、世間で言うところの　N09
☐ **solve a problem:** 問題を解く、解決する　N08
☐ **South Korean:** 韓国の、大韓民国の　N01
☐ **south pole:** 南極、南極点　N06
☐ **sovereign:** 主権のある、統治者としての　N09
☐ **space station:** 宇宙基地、宇宙ステーション　N06
☐ **spacecraft:** 宇宙船、宇宙探査機　N06
☐ **speculation:** 憶測、推測　N01
☐ **speed limitation:** 速度限界、速度制限　N10
☐ **sports hall:** 屋内運動場、体育館　N07
☐ **staff:** 職員、社員　N02
☐ **stand:** 立っている、動かないでいる　N05
☐ **start-up:** 新興企業、スタートアップ　N10
☐ **steel:** 鋼鉄、スチール　N08
☐ **store:** 〜を蓄える、貯蔵する　N08
☐ **strap:** (細めの) ひも、ストラップ　N10
☐ **surprise:** 驚き、予期しないこと　N07
☐ **swimming pool:** 水泳プール、スイミングプール　N07

T

□ **tail:** しっぽ、尾　N05
□ **Taipei:** 台北、台湾政府　N09
□ **take on and off:** ～を着脱する、付けたり外したりする　N10
□ **tech:** ＝technology 科学技術、テクノロジー　N02, N10
□ **temperature:** 温度、熱さ　N08
□ **tens of thousands of:** 数万の、何万もの　N02
□ **the Internet:** インターネット　N04
□ **the rest of:** ～の残りの部分、その他の～　N02
□ **the whole of:** ～の全部、全体　N02
□ **thermos-like:** 魔法びんのような、保温ポット的な　N08
□ **threat:** 危険な存在、脅威　N07
□ **threaten:** ～を実行すると脅す、～が生じる恐れを抱かせる　N07
□ **ties:** 結びつき、関係性　N09
□ **TikToker:** ティックトック動画の配信者、ティックトッカー　N05
□ **total:** 完全な、全くの　N05
□ **tourism:** 観光、観光事業　N03
□ **tracking:** 追跡、追尾　N02
□ **trade center:** 貿易センター、トレードセンター　N04
□ **traffic:** 交通量、往来　N03
□ **transfer to:** ～に乗り換える、移る　N06
□ **travel to:** (乗り物で) ～まで行く　N06
□ **tuck *one's* tail between *one's* legs:** しっぽを脚の間にはさみ込む、しっぽを巻く　N05
□ **tunnel:** 地下道、トンネル　N07
□ **tweet:** (ツイッターで) ～を つぶやく、ツイートする　N02
□ **Twitter:** ツイッター　N02

U

□ **ultimately:** 最終的に、究極的には　N06
□ **uncertain:** 不安定な、不確かな　N02
□ **unclear:** はっきりしない　N09
□ **underground city:** 地下街、地下都市　N07
□ **understand:** ～を理解する、分かる　N04
□ **unlike:** ～とは異なり、違って　N06
□ **unusual:** 普通でない、異常な　N02
□ **up to:** 最大で～まで、～に至るまで　N10
□ **user:** 利用者、ユーザー　N10

V

□ **vehicle:** 乗り物、車両　N03
□ **venture:** ベンチャー、ベンチャー企業　N08
□ **virtual:** 仮想の、バーチャルな　N04
□ **visitor:** 観光客、訪問者　N03
□ **vital:** 不可欠な、必須の　N03
□ **vow to *do*:** ～することを誓う、公約する　N09

W

□ **wake up:** 目覚める、意識が戻る　N05
□ **walking speed:** 歩行速度、歩くスピード　N10
□ **war:** 戦争、武力闘争　N07
□ **warplane:** 戦闘機、軍用機　N09
□ **Washington:** (米国の首都の) ワシントン、米国政府　N09
□ **waste:** 廃棄物、ごみ　N03
□ **weapon:** 武器、兵器　N09
□ **whether or not:** ～か否か、～かどうか　N01
□ **while:** ～だが、～とはいえ　N03, N09
□ **wilderness:** 手つかずの自然、原野　N03
□ **work to *do*:** ～しようと努力する、～することに取り組む　N08
□ **workforce:** 全従業員、労働力　N02

オンラインサービス（購入者特典）の登録方法

下記のURLから（検索せずに、アドレスバーにURLを直接入力してください）、またはQRコードを読み取って、オンラインサービスの登録を行ってください。なお、音声再生アプリ「リスニング・トレーナー」の使い方などについてはp.7をご参照ください。

https://www.asahipress.com/cnn10/spna23/

【注意】本書初版第1刷の刊行日（2023年3月10日）より1年を経過した後は、告知なしに上記申請サイトを削除したりデータの配布や映像視聴サービスをとりやめたりする場合があります。あらかじめご了承ください。

[MP3音声＆オンラインサービス付き]
初級者からのニュース・リスニング
CNN Student News 2023［春夏］

2023年3月10日　初版第1刷発行

編集	『CNN English Express』編集部
発行者	原 雅久
発行所	株式会社 朝日出版社 〒101-0065　東京都千代田区西神田3-3-5 TEL: 03-3263-3321　FAX: 03-5226-9599 https://www.asahipress.com/
印刷・製本	図書印刷株式会社
DTP	株式会社メディアアート
英文校閲	Nadia McKechnie
編集協力	谷岡美佐子
音声編集	ELEC（一般財団法人 英語教育協議会）
表紙写真	アフロ
ブックデザイン	TAICHI ABE DESIGN INC.

　ISBN978-4-255-01332-9 C0082